TROIS ANS EN ASIE

*a

OUVRAGES DU MÊME AUTEUR

Essai sur l'inégalité des races humaines (Firmin Didot).
Les Religions et les philosophies dans l'Asie centrale (*en préparation*, Crès).
Histoire des Perses (*épuisé*).
Traité des écritures cunéiformes (*épuisé*).
Deux études sur la Grèce moderne (Plon-Nourrit).
Histoire d'Ottar Jarl (Perrin).
La Troisième République et ce qu'elle vaut, étude.
Voyage à Terre-Neuve (*épuisé*).
La Renaissance, *scènes historiques* (Plon-Nourrit).
La Fleur d'or, inédit (*en préparation*, Bernard Grasset).

Ternove, roman (nouvelle édition, Perrin).
Les Nouvelles asiatiques (nouvelle édition, Perrin; — édition de luxe *en préparation*, Crès).
Souvenirs de voyage, nouvelles (Bernard Grasset).
Les Pléiades, roman (édition de luxe au *Sans Pareil*; — édition ordinaire *en préparation*, Crès).
L'Abbaye de Typhaines, roman (Nouvelle Revue Française).
Mademoiselle Irnois, nouvelle (Nouvelle Revue Française).
Adélaïde, nouvelle (*épuisé*, Nouvelle Revue Française).
Le Prisonnier chanceux ou les Aventures de Jean de la Tour-Miracle, roman (*en préparation*, Bernard Grasset).
Nicolas Belavoir, roman (*en préparation*, Bernard Grasset).
Scaramouche, nouvelle inédite (*en préparation*, édition de luxe, Pichon; — édition ordinaire, Crès).

Amadis, poème (Plon-Nourrit).
L'Aphroessa, poèmes (*épuisé*).
Les Adieux de Don Juan, poème (*épuisé*).
Chronique rimée de Jean Chouan, poème (*épuisé*).
Alexandre le Macédonien, tragédie (inédit en France).

Correspondance Alexis de Tocqueville, Arthur de Gobineau (Plon-Nourrit).

COMTE DE GOBINEAU

TROIS ANS EN ASIE

(DE 1855 A 1858)

TOME II

PARIS
BERNARD GRASSET, ÉDITEUR
61, RUE DES SAINTS-PÈRES, 61

MCMXXIII

TROIS ANS EN ASIE

SECONDE PARTIE

CHAPITRE PREMIER

LA NATION

Nous voici désormais logés et installés ; nos
journées se déroulent les unes après les autres.
Pendant près de trois ans, chacune d'elles nous
apportera sa part d'expérience, et nous fera pénétrer plus avant dans ce grand secret de la vie d'un
peuple si différent du nôtre, et composé de tant
de races mariées, mais jamais confondues. Ces
races entrelacent leurs idées et leurs intérêts de
façon à former un réseau étroit dont tous les fils
poussent et s'allongent sans pouvoir se nouer les
uns aux autres. Les moralistes ont trouvé cet
axiome que l'homme, pris isolément, est difficile
à connaître. Ils veulent dire par là l'homme pareil
à eux-mêmes, de même sang, de mêmes habitudes,
vivant dans le même milieu. Les sages qui se

sont faits les analystes de leur propre peuple, pour
peu qu'ils aient été réfléchis, se sont d'autant
plus effrayés de leur tâche, et d'autant plus ont
reculé à garantir absolument les résultats de leurs
études, que celles-ci les ont menés plus avant.
Quant à ceux qui ont voulu comprendre les nations leurs voisines étrangères, mais vivant toujours dans l'orbe de lumière de la même civilisation, ils ont passé à bon droit pour des esprits
hardis, et lorsque par hasard ils ont réussi, pour
de grands esprits. Il faut donc croire que de philo-
sopher sur les populations asiatiques, si différentes
de nous de toutes manières, est une tâche difficile, et que beaucoup de précautions, beaucoup
d'attention y sont nécessaires pour ne pas tomber
à chaque pas dans l'erreur.

Je crois que c'était et que c'est encore l'opinion
des hommes qui ont pu le mieux connaître cette
grande fraction du genre humain, des Elphinston,
des Burns, des Campbell, des Kaze ; mais le commun des observateurs est moins scrupuleux. Les
uns, considérant les peuples de l'aurore comme
des singularités rares oubliées dans quelques re-
coins perdus du monde, ne voient en eux que des
sauvages avilis s'ils se soumettent à la rapine européenne, sanguinaires s'ils y résistent. Pour ce
genre d'esprits, qui forme la majorité des juges,
l'Europe représente l'ombilic de l'univers, et ce
qui n'en est pas existe sans droits et vole sa part
d'air et de soleil ; dans leur ignorance superbe,
ce sont ces gens-là qui applaudissent à tous les

abus de la force sans en comprendre l'odieux, et
qui couronnent des victoires dont ils n'aperçoivent
pas l'inanité. Cruels comme l'enfance imbécile,
tout Asiatique ruiné, fusillé ou pendu, est à leurs
yeux une hostie légitimement placée sur l'autel
de l'avenir. Ils prophétisent, sans se lasser, quand
on leur annonce un désastre pour ces pays loin-
tains, le triomphe prochain et assuré du christianisme et de la civilisation.

D'autres, non moins frivoles, se croient plus de
droits à trancher la question. Ils ont visité les
contrées dont ils parlent. Ils se sont assurés par
eux-mêmes de ce fait, que les Asiatiques sont des
hommes, et même des hommes très nombreux. Ils
reconnaissent que dans un recensement de l'humanité, aux yeux d'un juge qui déciderait de la valeur
et de l'importance des races par leur fécondité, ils
l'emporteraient de beaucoup sur nous. Ils ont
encore observé, et le moyen de ne pas le voir ?
que les Européens habitant ces climats ne sont pas
le plus souvent des hommes propres à honorer le
christianisme, ni à donner aux natifs une haute
idée de notre civilisation. Mais par une préoccupation singulière, ils ne relèvent les effets de ces
vérités que dans les rapports de ces Européens
entre eux. Ils se plaignent des vices dont ils souf-
frent, et ne s'avisent pas de rechercher si ces vices,
outre la mauvaise impression qui en est la suite,
n'iraient pas jusqu'à faire souffrir directement les
indigènes, et à amener des résultats dont il serait
bon de se rendre compte, ne fût-ce que pour con-

naître les moyens de les arrêter ou de les pallier.
Les observateurs de cette espèce, vécussent-ils
vingt ans en Asie, voient peu, voient mal ou ne
voient pas du tout. Ils ne connaissent pas les langues du pays, et ne jugent pas utile de les apprendre. Ils n'ont aucune notion de l'histoire locale,
et, dans cette masse qui s'agite autour d'eux, ils
n'aperçoivent et n'isolent que peu d'individualités,
le plus généralement celles de leurs domestiques :
encore les méprisent-ils souverainement parce qu'ils
ne sont pas vêtus comme eux, ne mangent pas
comme eux et ne parlent pas comme eux. Il est
possible que, dans les récits qu'ils en font, ces raisons de dédain ne s'imposent pas avec la crudité
que j'apporte à le dire, mais en réalité elles
s'imposent ; et des êtres qui portent de longues
robes, mangent avec leurs doigts, s'asseoient par
terre, et parlent turc, arabe, persan, hindoustani
ou chinois, ne sont pas des hommes. J'ai dans la
mémoire le souvenir d'un voyageur, homme d'esprit toutefois, qui, n'ayant jamais pu s'affranchir
du besoin d'un drogman pour les communications,
même les plus indispensables, n'en affirme pas
moins que ce qui le choque davantage dans le
caractère asiatique, et confirme la triste opinion
qu'il en a, c'est cette profonde dissimulation et
ce manque absolu de laisser aller qu'il a remarqué toujours chez les gens avec lesquels il s'est
trouvé en contact.

Pour échapper à toutes ces façons de voir et de
décider, j'ai tâché de répudier complètement toute

idée vraie ou fausse de supériorité sur les peuples que j'étudiais. J'ai voulu me placer, autant que possible, à leurs différents points de vue, avant de prononcer un jugement sur leurs façons d'être ou de sentir ; et surtout, je me suis défendu, autant que possible, des conclusions brillamment creuses, qui, de toutes, sont aujourd'hui les plus goûtées : car, faire des phrases, n'y pas croire et les admettre cependant, est le principal caractère du temps.

Les Persans, dont je veux parler avec le plus de détail pour les avoir mieux vus, sont une nation très ancienne, et, comme ils le disent eux-mêmes, la plus ancienne peut-être du monde qui ait eu un gouvernement régulier et ait fonctionné sur la terre comme un grand peuple. Cette vérité est présente à l'esprit de toute la famille iranienne. Ce ne sont pas seulement les classes lettrées qui la connaissent et qui l'expriment ; les gens du plus bas étage s'en repaissent, y reviennent volontiers, et en font le sujet de leurs conversations ordinaires. C'est là la base du ferme sentiment de supériorité qui constitue une de leurs idées communes, et une portion importante de leur patrimoine moral. Il m'est arrivé souvent de m'entendre faire ce compliment, que les Français (autant qu'on pouvait le savoir) étaient par excellence la monarchie antique de l'Europe, et qu'en cela ils ressemblaient aux Persans. Dans la pensée de mes interlocuteurs, il y avait une politesse pour moi, et en même temps une grande gloire pour eux : car, en me montrant

mon peuple au-dessus des autres en Europe, ils
me donnaient assez à entendre combien grande
encore était la distance qui le séparait d'eux-
mêmes.

D'une opinion si universellement répandue et
si goûtée, on doit tirer cette conséquence, que la
tradition exerce une grande autorité sur l'esprit
de la population. Ce n'est pas absolument le domaine exclusif des lettrés, c'est le bien de chacun,
et chacun veut en posséder sa part la plus large
possible, et prend un plaisir extrême à l'augmenter
sans cesse. Sous le mot tradition, je comprends
les annales du pays, les matières théologiques, la
littérature, un certain nombre de notions scienti-
fiques, bref, tout ce qui constitue l'héritage moral
des aïeux.

L'histoire des Persans est certainement peu
exacte. Il y a mille raisons pour qu'il en soit ainsi,
l'éloignement des terres, les invasions sans nombre,
les révolutions interminables. Puis il est permis à
un peuple d'avoir des lacunes dans ses archives,
et de les combler avec des fables contradictoires,
lorsqu'il possède encore des fragments relatifs à
des faits antérieurs aux époques historiques, et
qui ont survécu aux grandes guerres de Phraorte
avec les Scythes et les Assyriens, à la période
guerrière de Cyrus, aux temps de l'usurpation du
premier Darius, à la conquête macédonienne, à la
domination des Parthes, surtout quand on considère qu'avec les Sassanides, c'est-à-dire à dater
du IIIe siècle après Jésus-Christ, tout se coordonne

et arrive jusqu'à nos jours dans un état beaucoup
plus complet et plus satisfaisant que ne sont les
annales d'Occident avant le xiiie siècle.

Le peuple, en Perse, adore ses histoires. Ce serait
peu de dire qu'à toutes les époques les rois et les
princes le plus exclusivement guerriers ont fait
marcher des ambassades, et déclaré et soutenu
des guerres pour enlever ou conserver un volume
précieux. Il pourrait n'y avoir là qu'un caprice
individuel ; mais il est déjà plus significatif de
voir avec quelle douleur le gouvernement de Feth-
Aly-Schah livra les ouvrages d'histoire et de littérature que le traité de 1828 l'obligeait de donner
à la Russie, et, ce qui l'est plus encore, c'est la
difficulté que l'on éprouve à décider les gens des
plus basses classes à se séparer d'un manuscrit.
Pour qu'ils consentent à le vendre, il faut qu'ils
soient pressés par le plus impérieux besoin ; et
moins ils sont instruits et capables d'apprécier la
valeur de l'ouvrage qui leur tient si fort à cœur,
plus il y a de peine à conclure un marché avec eux,
car alors ils ne manquent jamais de supposer, dans
l'amas de caractères mystérieux dont ils ne peuvent expliquer le sens, certaines vertus secrètes
et importantes. Le manuscrit ou le livre imprimé
que l'on marchande est toujours l'œuvre la plus
précieuse qui soit sortie de la main des hommes ;
elle contient immanquablement toute la sagesse
des génies. C'est ainsi qu'une valise ayant été
soustraite à un voyageur anglais, les voleurs en
vendirent peu à peu le contenu. Au bout d'un ou

deux ans, on apporta à un de mes amis un livre
qui, disait-on, résumait toute la science des Européens. L'orateur entendait par cette expression
pompeuse, l'art de construire les ballons, d'ins-
taller des chemins de fer, et de faire voguer des
bateaux à vapeur, toutes choses qui ont beaucoup
impressionné les Asiatiques, et sur lesquelles ils
raisonnent à perte de vue. Cet ouvrage si rare
était un volume dépareillé de lord Byron. Mais
combien de fois m'a-t-on offert des manuscrits
en m'affirmant qu'ils contenaient l'histoire des
plus antiques dynasties persanes ! Car c'est ici le
point le plus séduisant, et un vrai Persan est infiniment plus curieux d'apprendre ce que faisait
ou Djemschyd ou Cyrus, que de s'édifier en lisant
la vie du Prophète lui-même.

Pourtant, tout le monde ne possède pas les
moyens d'étudier beaucoup. Il y a donc une grande
distance entre le savant et l'homme du bas peuple,
cela va sans dire, et avec beaucoup de degrés intermédiaires, quoique cette distance ne soit nullement ce que nous pourrions croire, à en juger
d'après l'état des choses en Occident. Chez nous,
les personnes illettrées ne se soucient en aucune
façon de l'histoire, et n'en savent absolument rien.
Un paysan rare et difficile à trouver, est celui
dont la mémoire a appris et retenu les noms de
Louis XIV, de Charlemagne ou de César. L'idée
de Napoléon Ier lui-même, qui vivait hier, n'est
presque plus historique pour ces intelligences gros-
sières et obtuses, et personne n'ignore que ce qu'en

racontent les campagnes a déjà pris une forme légendaire. Mais, en Perse, je n'ai jamais rencontré un homme de la plus humble condition qui ne connût au moins les traits principaux de ces interminables annales commençant avec le monde, et se rattachant au souverain actuel. Sans doute, ils embrouillent bien des faits ; sans doute, ils font honneur à tel ou tel personnage de beaucoup d'actions qui ne lui appartiennent pas ; Djemschyd est pour eux trop brillant, Roustem trop héroïque, et Schah-Abbas le Grand a construit, à en croire les muletiers, la presque totalité des caravansérails de la Perse. Je ne traite pas la question au point de vue de savoir si l'on ferait bien de s'adresser à la populace persane pour obtenir un récit exact de ses dynasties ; je remarque seulement que le passé de la nation est pour cette populace même un thème favori d'entretien, et que, dans sa pensée, c'est à la fois bien employer ses loisirs, et en même temps d'une manière agréable, que d'écouter, soit la lecture d'un livre, soit, et ceci paraît encore supérieur, les récits de quelque personne instruite qui veut apprendre à son auditoire ce qu'il ne sait pas encore. J'ai vu fréquemment des réunions de ce genre où les auditeurs et l'orateur étaient également de la condition la plus vulgaire. Ces séances académiques se tenaient au pied d'un mur ruiné ou dans un ravin, et tout le monde était accroupi par terre ; mais il y régnait autant d'attention que si l'assemblée avait été installée dans des fauteuils autour d'un tapis vert, dans une salle offi-

cielle. Pendant quatre mois que j'ai campé dans le
désert, à vingt lieues de Téhéran, mes hommes se
réunisaient le soir sous la tente d'un des pichked-
mets ou maîtres d'hôtel. On y faisait des lectures,
et on y discutait sur tels ou tels événements de
l'histoire ancienne. Les habitants indigènes du
camp étaient fort assidus à ces réunions ; les plus
habiles parlaient, les ignorants écoutaient et tâ-
chaient de retenir. Il n'était pas jusqu'aux soldats
qui ne voulussent leur part de ces graves délasse-
ments. Bien souvent on est venu me prendre pour
arbitre d'une discussion. Une nation qui attache
tant de prix à ses antécédents, possède évidemment un principe vital d'une grande énergie.

La nationalité persane se manifeste encore par
un autre symptôme : c'est l'affection au souvenir
des imams. Les imams sont les fils et les petits-
fils d'Aly. Aly lui-même est compris dans cette
vénération illimitée qui touche à l'adoration. Il
n'est pas de Persan qui n'éprouve pour ces saints
personnages un sentiment profond d'attachement,
et quelle que soit la croyance intime de celui auquel
on a affaire, ses opinions seraient-elles des plus
éloignées de la foi musulmane, il ne verra jamais
avec plaisir qu'on parle légèrement des Imams. La
raison en est transparente. C'est qu'Aly, bien
qu'Arabe de naissance, avait trouvé beaucoup de
partisans en Perse, et a été persécuté par les
Arabes ; c'est que l'aîné de ses fils, Hussein, avait
épousé une princesse du sang sassanide, qui, con-
vertie à l'islamisme, devint une sainte ; c'est que

les enfants de ce couple sacré, et tous les survivants
de la famille d'Aly, se réfugièrent en Perse et devinrent Persans, et que les Arabes, en persécutant
la nation, les persécutèrent eux-mêmes. Ainsi, la
cause des Alydes est devenue celle de la Perse
conquise, et, dans les maux de cette famille, les
Iraniens voient ceux de leurs ancêtres. Cet amour
pour les imams est donc une forme du sentiment
national, et on ne saurait prendre trop de soin pour
la respecter, si l'on veut ne pas choquer les indigènes. On peut sans grand inconvénient, me disait
un ami, médire de tout dans notre pays et de tout
le monde, sauf des imams et de la femme de celui
à qui l'on parle. Sur ces points seulement, on se
créerait des inimitiés mortelles.

En effet, à part la question des imams et celle
de la suprématie de l'histoire nationale sur le
reste de l'histoire du monde, les Persans n'ont plus
rien qui constitue, à proprement parler, du patriotisme. Ils aiment fort leur pays, et le considèrent
de beaucoup comme le plus agréable, le plus fer-
tile, le plus sain. *Iran khoub memleket est*, l'Iran
est un bon pays, c'est là une maxime qui sort à
chaque instant de leur bouche avec un certain
attendrissement par lequel on se laisse gagner,
car elle a beaucoup de vrai ; mais il faut avouer
que l'indépendancea ntionale ne leur tient pas à
cœur ; qu'ils ne sont pas attachés et ne l'ont jamais
été depuis l'islamisme leurs dynasties ; qu'ils les
voient naître et tomber avec la plus complète
indifférence ; qu'ils se soucient très peu que le

gouvernement qui les domine soit composé de leurs compatriotes ou d'étrangers. Ce point, si révoltant suivant les idées européennes, ne les touche en aucune façon, et on ne peut se dissimuler qu'ils adopteraient avec la même indifférence, non seulement la domination d'un autre peuple asiatique comme eux, musulman comme eux, mais chrétien, mais européen, et peut-être même avec une préférence pour ce dernier. Il n'y a pas seulement des raisons de le supposer, il y en a de concluantes pour le croire. Lorsque les Russes firent leur campagne de 1827 contre les Persans, ils étaient extrêmement redoutés et détestés. On avait répandu le bruit que ces Russes, chrétiens fanatiques, renversaient les mosquées après les avoir souillées, égorgeaient les moullahs, tuaient les enfants et insultaient les femmes. On apprit donc avec terreur les premiers succès de cette armée qu'on disait si sauvage.

Cependant, au fond, et malgré une telle épouvante, qui aurait dû exaspérer ces têtes mobiles, à peu près tout le monde fit la réflexion que font les nations vieillies en pareil cas : « Cela regarde le gouvernement, peut-être mon voisin, mais non pas moi personnellement. » De sorte qu'un personnage du haut clergé, d'ailleurs objet d'une grande vénération, ayant prêché la guerre sainte à Tébryz, et un certain nombre d'hommes de la plèbe s'étant mis en route avec lui, tout alla d'abord pour le mieux. Cependant une grande partie des volontaires déserta. Pendant la nuit, la troupe fidèle perdit encore de ses plus vaillants champions, et, au matin, le chef, passant son monde en revue, le trouva tellement réduit, qu'il crut devoir à son tour abandonner l'entreprise, et rentrer à Tébryz à marches forcées. Ce n'est pas d'ailleurs, on aurait grand tort de le croire, que le courage militaire manque à ce peuple, il en a beaucoup, mais il lui faut une raison pour se battre et repousser une invasion étrangère ; quelque peur qu'on réussisse à lui inspirer, cela ne lui semble pas une occasion de l'emploi de ses forces, attendu qu'il est tout à fait désaccoutumé d'aimer ce qu'il a.

Après que les Russes, ayant réussi dans leur expédition, eurent pris et dépassé Tébryz, et atteint même Turkmantchay et Miyanêh, au pied des montagnes du Kaflan-Kouh, le pays commença à les mieux connaître, et il se trouva que, grâce à la discipline sévère établie par le prince Paské-witch, ces hommes, dont on avait fait de si terribles portraits, se montraient tout autres qu'on ne s'y attendait. Les gens sages se félicitèrent plus que jamais de n'avoir pas été se faire tuer pour un péril qui, décidément, était imaginaire, et quand les Russes se retirèrent en séparant de la carte du pays les quatre provinces qu'il fallut leur céder, ils laissèrent derrière eux cette impression que les Européens n'étaient en aucune façon ni fanatiques, ni diables, ni méchants comme on les avait représentés ; que peut-être ils avaient tort d'être chrétiens, mais qu'en somme cela ne regardait qu'eux-mêmes, et qu'ils avaient ceci de bien

de payer avec beaucoup de régularité, et en très
bon argent, ce qu'ils achetaient. A dater de ce
moment, une émigration annuelle considérable
s'organisa des provinces frontières de la Transcau-
casie dans les États russes. Chaque année en a
vu augmenter l'importance. Quelques-uns de ceux
qui s'en vont ainsi finissent par ne plus revenir,
et s'établissent au delà de l'Araxe ; les autres, en
plus grand nombre, ne renoncent pas à leur pays,
mais ils y répandent de plus en plus l'idée que
lorsqu'on n'est pas satisfait, pour une raison ou
pour une autre, du maître sous lequel on vit, il
n'y a rien que de simple à en souhaiter un nouveau. Cette manière de voir a fait de tels progrès,
que déjà, à deux reprises, le Ghylan et le Mazen-
deran, qui bordent la Caspienne, se sont adressés
au gouvernement impérial pour qu'il eût à les
occuper et à les annexer à la couronne ; et aux
portes même de Téhéran à quelques heures de
cette capitale, des paysans, parlant à moi-même,
m'ont exprimé un vif désir que tout le nord de la
Perse, et leur village, devînt possession russe. Il
va sans dire que les provinces anciennement persanes, qui, aujourd'hui, relèvent de Pétersbourg,
sont en général agitées de sympathies toutes contraires ; celles-là voudraient redevenir iraniennes.
C'est que les Persans peuvent bien subir un gouvernement, mais ils n'ont plus le nerf d'en aimer
ni de s'intéresser à aucun. C'est un sujet à analyser,
mais auparavant je vais encore raconter un fait
dont j'ai été le témoin.

Pendant la dernière guerre que le cabinet de
Londres fit à la Perse, le gouvernement de Téhéran,
pour augmenter ses forces, donna l'ordre de prêcher la guerre sainte dans toutes les mosquées de
l'empire. Cette résolution présenta cette particularité que l'idée première en vint d'un Arménien
catholique. Il y eut, avant qu'elle ne fût adoptée,
les discussions les plus curieuses. Plusieurs hommes
d'État la repoussaient de toutes leurs forces. Ils
trouvaient mauvais et très grave de soulever la
basse population des villes, ne sachant pas, si
elle s'attroupait une fois, ce qu'elle pourrait vouloir faire, et jusqu'à quel point l'autorité royale
resterait maîtresse. D'autres trouvaient l'emploi
d'un tel procédé assez barbare, et, musulmans
tièdes pour leur propre compte, ils n'avaient pas
de goût à fomenter un développement de zèle,
qui, à tout le moins, leur semblait ridicule. Enfin,
les plus avisés blâmaient la mesure comme inutile,
ne croyant pas que la plus légère disposition à
se surexciter dans l'intérêt de la foi existât parmi
les masses.

Mais si les hésitations et les discussions des
hommes politiques étaient intéressantes à suivre,
l'attitude du bazar était infiniment amusante. Les
boutiquiers couraient les uns chez les autres dans
une agitation extrême. « On va prêcher la guerre
sainte, disaient-ils ; pour quoi faire ? Pour empêcher les Anglais de venir ici ? Pourquoi ne vien-
draient-ils pas ? En quoi sommes-nous intéressés
à cela ? Ils ont de l'argent, ils feront de la dépense,

ils payeront comptant ; où est le mal ? Que ceux qui ne veulent pas d'eux aillent se battre. Pourquoi n'y vont-ils pas ? Qui les arrête ? Est-il besoin de prêcher la guerre sainte pour qu'ils se mettent en route ? Qu'on aille donc la leur prêcher chez eux, et qu'ils nous laissent en repos ! »

La grande inquiétude était de voir la canaille s'armer et parcourir les villes, comme cela se pratique chez nous quand la patrie est déclarée en danger, avec tous les inconvénients qu'entraîne l'apparition de ce genre de défenseurs. On imaginait déjà les boutiques pillées, les maisons forcées, le désordre et l'assassinat partout : quant à une idée de religion, personne ne l'avait, et il était curieux que, dans toutes les doléances, on ne la supposât même pas. Ce que l'on compte d'honorable parmi les moullahs, groupe malheureusement trop peu nombreux, se tint soigneusement à l'écart, désapprouvant la mesure, et ne cachant pas que la foi n'était nullement en jeu dans la guerre actuelle. Les grands marchands étaient mécontents, les chefs militaires trouvaient le moyen méprisable.

Quant à la populace, qui devait faire la matière principale de la prédication, et sur laquelle la mesure gouvernementale comptait, l'annonce de ce qui allait avoir lieu la laissa complètement indifférente. Avec une intelligence qui lui fit honneur, elle se rendit assez bien compte de ce qui pouvait se passer ; c'est-à-dire que, si elle faisait mine de s'enthousiasmer, on lui proposerait immédiatement de la diriger sur le théâtre de la guerre, mais que, dans aucun cas, on ne la laisserait piller. Elle se décida donc à rester absolument neutre.

Ce fut au milieu de ces dispositions peu belliqueuses que le jour marqué arriva. Je ne sais comment les choses se passèrent dans les autres villes, mais, dès le matin, par ordre suprême, le bazar de Téhéran fut fermé, et toute la population musulmane convoquée dans la mosquée royale. Marchands, écrivains, domestiques, fonctionnaires, soldats, gens du peuple, tout le monde s'y pressait, et la foue était grande. Une fois entré, on ne pouvait plus sortir. Des ferrachs du roi, armés de longues baguettes, maintenaient les assistants, tandis que d'autres, en grand nombre, dirigés par les ketkhodas ou maires des quartiers, et le kalenter ou préfet de police, s'assuraient que personne ne restait dans les rues ou ne vaquait à ses affaires.

La multitude, ainsi emprisonnée, prenait son mal en patience, à la manière persane, c'est-à-dire avec force plaisanteries. Sans respect pour la sainteté du lieu, tout ce monde, assis sur ses talons, s'apostrophait à haute voix, tenant les discours les moins canoniques, et se permettant les observations les plus irrévérencieuses sur l'objet de la réunion. Comme le premier ministre et les grands de l'empire devaient assister au sermon de la guerre sainte, et qu'ils se faisaient attendre, un moullah monta en chaire et fit une instruction préparatoire dans le seul but d'occuper l'assem-

blée. Il prit pour sujet l'utilité de la prière, et
s'efforça de démontrer que la pratiquer beaucoup
était le meilleur moyen de s'enrichir. C'était, avec
ou sans intention, répondre aux préoccupations
de l'auditoire, qui brûlait de s'en retourner à ses
trafics, et qu'on retenait malgré lui dans le lieu
saint. « Voulez-vous, musulmans, s'écriait le moullah, devenir de gros marchands, acquérir de bonnes
terres bien fertiles, avoir beaucoup de fils et une
existence opulente ? multipliez sans vous lasser
le nombre de vos oraisons ; tout vous viendra
par cette voie. » Et là-dessus il racontait à profusion des traits de la vie des saints dont il appuyait
son texte, et qui prouvaient, d'une manière irré-
fragable, que pour parvenir dans ce monde il fallait
ne s'occuper que de l'autre.

Mais les habitants de Téhéran n'étaient pas ce
jour-là en humeur dévote. A chaque instant une
voix moqueuse interrompait le prédicateur, et il
était impossible à celui-ci de mettre fin au tumulte,
aux éclats de rire, aux interpellations grotesques
qui allaient croissant. L'un disait : « Puisque tu
connais si bien le secret de t'enrichir sans rien
faire, d'où vient que tu cries toujours misère ? —
C'est, répondait-on d'un autre coin de l'assemblée, qu'il est aussi mauvais musulman que pares-
seux. Il n'est pas si sot que de perdre son temps
à prier quand il y a des marchands de vin dans la
ville. » Là-dessus des cris, des quolibets, des calem-
bours, un tapage sans fin, des efforts désespérés
du moullah pour gagner son public, et enfin sa

déroute complète. Il descendit de la chaire en annonçant que le premier ministre arrivait, et que le discours du jour commencerait aussitôt.

En effet, Mirza-Agha-Khan fit son entrée avec toute la cour, et prit place sur une estrade qui lui avait été réservée. Le silence s'établit tel quel, ou plutôt une apparence de silence. Le chef du gouvernement dit quelques mots pour suppléer aux sentiments de piété de l'assistance, qui, depuis le matin, n'éclataient pas dans une lumière bien vive, puis on lut la proclamation sacrée. Il fut fait un appel à tous les musulmans pour qu'ils eussent à s'armer et à courir à la défense de la foi menacée par les infidèles. Un autre moullah essaya assez froidement quelques commentaires sur ce texte, puis la séance fut levée, et la population, ravie, pressée de sortir, se poussant, se montant sur les épaules avec des cris assourdissants, comme un essaim d'écoliers, se répandit par les rues. Pendant quelques jours on parla de la guerre sainte dans les bazars et dans les bains, et ce fut matière à des bouffonneries et à des coq-à-l'âne inépuisables. Ensuite, personne n'y songea plus, et je n'ai pas entendu dire que d'une seule ville ou d'un seul hameau il soit parti un volontaire. A Schyraz, on put croire un instant que la populace allait s'émouvoir et se mettre en marche, mais non pas pour attaquer les Anglais, tout au contraire pour les aider. Et, en vérité, l'idée de la guerre sainte n'était pas bonne, puisque d'avance on savait que pas un homme important, que pas un homme de quelque considération n'y voudrait prendre part, et que l'on ne comptait que sur la lie du peuple pour s'y échauffer. La question était d'avance si bien tranchée, que l'invention n'en appartenait pas même à des politiques musulmans, et que l'Arménien catholique qui la fournit s'inspira des exemples étrangers de Schamyl et d'Abd-el-Kader. Le fond de cette indifférence est, encore une fois, qu'il importe peu aux Persans de savoir qui les gouverne, et qu'ils n'ont de préférence ni d'antipathie pour personne ; cependant, avec cette réserve qu'ils n'aiment jamais le pouvoir existant. Ceci est une disposition d'esprit séculaire.

Maintenant, pourquoi les choses sont-elles ainsi? Pourquoi le temps a-t-il donné cette direction sceptique et froide à la nation entière? C'est ce que l'examen de la composition ethnique du sang de ce peuple va faire comprendre.

On a l'habitude en Europe, d'appeler, comme faisaient les Grecs et les Romains, du seul nom de *Persan*, un amalgame de races que les gens du pays nomment *Iranien*, et qu'ils divisent en deux parties intimement liées. A l'une ils donnent indifféremment le nom de *Farsy*, *Loure* ou *Kurde*; l'autre, ils l'appellent *Turque*. C'est la réunion de ces deux moitiés d'un même tout que l'on désigne, dans le langage officiel et historique, par le terme de *millèt-è-irany*, la nation iranienne, comme nous appelons *nation française* le groupe de populations néo-latines et gallo-germaines vivant entre les Pyrénées et la frontière belge.

Et de même que ces parties constitutives du peuple français se divisent à leur tour en variétés plus ou moins nombreuses, les Auvergnats, les Provençaux, les Poitevins d'une part, les Picards, les Flamands, les Lorrains de l'autre ; ainsi les Farsys ont des subdivisions très nombreuses, et les Turcs en comptent aussi quelques-unes. Mais beaucoup plus homogènes que leurs compatriotes, ils en retirent des avantages très notables et une suprématie incontestée.

Les Farsys, aussi haut qu'on puisse remonter dans les chroniques, sont dus à un mélange de multitudes parlant arabe, par conséquent de multitudes sémitiques, avec des peuples venus originairement de la haute Asie, et descendus sur les plateaux de l'Iran par immigrations successives dès une époque très reculée. Les principaux théâtres de ces mélanges furent, pour les périodes primitives, la province actuelle de Schuster, l'ancienne Susiane, et la Perside ou province de Fars, jusques et y compris le Kerman et Yezd. Une domination assyrienne, qui dura pendant des siècles, et finit longtemps avant Cyrus, augmenta encore l'influence du sang sémitique dans ce mélange, et le porta encore plus loin du côté de Hérat, de Kaboul et de Kandahar. Il en résulta qu'à une certaine époque, c'est-à-dire vers le ixe siècle avant notre ère, les Iraniens du Sud, les Farsys, étaient, considérés en masse, assez peu différents des Assyriens de la Mésopotamie.

Mais lorsque cette domination eut fini, l'élément

septentrional reprit de la force. Il était toujours
resté prédominant dans la longue chaîne de montagnes qui s'étend depuis l'Hindou-Kousch jusqu'au Caucase, et dans les provinces qui bordent
cette chaîne au nord et au sud. Il avait conservé
des relations étroites avec les innombrables tribus
blanches dont il tirait son origine première, et
que nos histoires appellent les nations scythiques.
Plus que jamais il resserra ses liens avec elles. De
nombreuses familles scythes s'établirent dans
l'empire, et pénétrèrent même jusqu'au sud. Elles
vinrent y combattre l'influence du sang sémitique
par les qualités d'ordre différent que les mariages
contractés avec elles firent entrer dans le sang des
anciennes populations, et plus que jamais la Perse
se trouva tiraillée en sens divers par la double
action ethnique qu'elle subissait. Sous les succes-
seurs de Darius, l'action de la Mésopotamie fut
considérable sur elle, et ses grandes capitales se
remplirent d'Assyriens. Après Alexandre, sous le
régime arsacide, ce fut l'élément scythique qui
triompha, reprit le dessus, et garda la prééminence
pendant environ cinq cents ans. Avec les Sassanides, le sceptre retomba aux mains des populations sémitisées, et pendant tout le temps de la
domination de ces rois, les capitales étant décidément établies dans le Sud, à Ctésiphon particulièrement, et les Arabes ayant noué des rapports
beaucoup plus étroits et plus multipliés que par
le passé avec les Perses, il en résulta que l'empire
fut plus sémitisé que jamais. Puis tout à coup

l'islamisme fit explosion, et couvrit l'empire
jusqu'à l'Indus d'un nuage dévorant d'aventuriers
de l'Yémen, de l'Oman, de l'Hedjaz, de la Syrie
et de l'Asie Mineure, qui, se croyant transportés
vivants dans le paradis, en se voyant maîtres de
cette région florissante dont leurs pères, de générations en générations, avaient été les esclaves,
s'y répandirent en foule, très résolus à n'en jamais
sortir. Ils s'y marièrent, y firent souche, et, comme
une seconde inondation, ils recouvrirent de sang
sémitique tous ces pays de l'est de l'Iran, qui
n'avaient rien vu de pareil depuis les temps primitifs. Mais ici s'arrêta la violence de la race occidentale, et les invasions du Nord, et les invasions
scythiques, qui désormais s'appellent turques,
recommencèrent. Il n'y a guère que deux ou trois
cents ans qu'elles ont fini, et encore n'ont-elles
pas cessé absolument. Quand elles ne vinrent plus
d'au delà de l'Oxus, une particularité remarquable
fit refluer l'avant-garde de ces mêmes invasions
sur les territoires qu'elle avait déjà traversés
et quittés, c'est-à-dire que les Turcs, descendus
jusque dans l'Anatolie, jusqu'en Syrie, où les
croisés les trouvèrent, rentrèrent pour la plupart
en Perse, lorsque la maison d'Osman commença
à jeter les premières bases de sa grandeur. A la
presque unanimité des nations turques, cette
maison, issue d'une branche cadette des Seldjou-
Kidès d'Iconium, fut mise à l'index. Les tribus
ne voulurent ni lui obéir, ni la reconnaître, et la
contraignirent de se former, comme jadis Romulus,

une nation de vagabonds et d'esclaves affranchis,
et en masse elles retournèrent dans l'Iran, se sou-
mirent aux lois du Padschâh, et habitèrent les
cantons qui lui furent assignés. On voit donc qu'à
bien prendre les choses, les tribus turques, comme
les populations farsys, occupent la terre depuis des
siècles et de temps immémorial ; que, si l'on scru-
tait de bien près les deux origines, elles sont l'une
et l'autre étrangères, l'une et l'autre conqué-
rantes, toutes deux égales en droits de possession.
Il ne saurait donc être question pour l'une de
traiter sa rivale d'intruse, et cependant elles se
détestent parce qu'elles ne se ressemblent pas,
parlent des langues différentes et ont eu des destinées également très diverses.

La population farsy, à son tour, se compose de
deux catégories. L'une est celle qui habite les
montagnes du Sud et de l'Ouest, j'entends les
Bakhtyarys, les Loures, les Kurdes et un certain
nombre de démembrements de ces tribus trans-
portées par décrets royaux un peu partout, jusque
dans le Mazendéran, jusqu'aux confins des Turcomans, jusqu'aux environs de Kandahar. Ces peuples sont d'une grande beauté physique, d'une force
corporelle remarquable, très intrépides, très actifs,
très intelligents ; ils peuvent fournir des chefs
admirables et en ont donné beaucoup au monde
asiatique. Je ne citerai que Saladin et Nadir ; mais
ce sont des gens parfaitement indisciplinables.
Pour en avoir raison, il faut une verge de fer. Ils
ont une imagination de feu, des nerfs excitables

au plus haut degré, le point d'honneur aussi exalté
que des Espagnols du moyen âge, et peu de bon
sens. Il s'ensuit qu'on ne peut les appliquer à
rien, et qu'ils ne font que ce que, individuellement,
il leur plaît. Ces gentilshommes sortent peu de
leurs montagnes.

L'autre catégorie est d'une tout autre nature.
Elle compose la population des villes de Perse,
sauf celles de l'Azerbeïdjan et du Khamsèh, petite
province qui touche à cette grande région du nord-
ouest. Elle parle le farsy ou bien des dialectes
approchants. Elle est originaire de tous les points
de l'Iran. Elle descend indifféremment de Farsys,
d'Arabes, d'Indiens, de Turcs et d'étrangers. Elle
vit de fonctions domestiques, de petits emplois
administratifs, de commerce, surtout d'usure et
de brocantage ; elle fournit des hommes d'État,
des savants, des peintres, des poètes, des musiciens, des danseurs, des aventuriers, beaucoup de
fainéants, et se compose, pour la presque totalité,
de gens d'esprit. Mais elle n'a pas ou elle n'a plus
de liens de tribus, ni même de liens de famille
bien forts, car, en Asie, l'un ne va guère sans
l'autre. Elle n'éprouve jamais des amitiés très
vives, ni des haines très fortes ; n'est dévouée à
personne, ne compte sur personne, prend le temps
comme il vient, vit au jour le jour et ne s'étonne
pas de grand'chose. Elle professe, d'ailleurs, sur
les affaires de ce monde et sur leur instabilité, des
principes à ravir les prophètes hébreux, mais très
peu propres à donner de la durée à quoi que ce

soit. Comme une grande partie des habitants de la Perse est fournie par les populations urbaines, celles-ci doivent naturellement compter beaucoup. Elles s'augmentent des paysans d'un assez bon nombre de villages appartenant aussi à la race farsy, mais qui, en général, établis dans le Sud, sont plus sémitisés que les Farsys des cités, comme Téhéran, Damghan et Kazvin, où l'élément turc entre pour une plus forte proportion dans le sang, bien que le gros de ces peuples reste, en définitive, *tadjyk,* c'est-à-dire farsy.

Avec les Turcs, c'est tout autre chose, et, en les observant, on se croit à mille lieues de ce qu'on voit chez les *Tadjyks.* Le noyau de la race est demeuré nomade. Mais cette expression est entendue en Occident dans un sens trop inexact pour que je puisse me passer de l'expliquer. Des nomades ne sont pas des gens vivant sous des tentes et se promenant à volonté sur une étendue indéfinie de pays, partout où les pousse leur caprice. Ce sont des agriculteurs aussi bien que des bergers, et cela est vrai particulièrement des nomades turcs. L'hiver ils habitent un canton, toujours le même, où, la plupart du temps, les riches possèdent des maisons. L'été, ils vont chercher le frais à un endroit de la montagne qui leur est assigné à perpétuité ; et ils s'y rendent de père en fils, toujours par le même chemin, en s'arrêtant aux mêmes stations et y restant le même nombre de mois et presque de jours. De sorte qu'ils ont souvent des propriétés rurales en plusieurs localités, et que leurs pérégrinations ne s'étendent guère au delà d'un rayon de plus de quinze lieues et souvent de beaucoup moins. Il faut des révolutions, des persécutions, la volonté d'un prince ennemi pour troubler cet état de choses. Si l'on veut y regarder d'un peu plus près, il existe des nomades de ce genre en Europe même et particulièrement en Suisse. Seulement le climat ne permet point à ces derniers de se servir des tentes.

Le point caractéristique des nomades n'est donc pas d'errer, mais de tenir fortement à la vie de tribu ; d'être aussi étroitement unis entre eux, aussi homogènes que les Farsys des villes, ou les Tadjyks, le sont peu. En outre, ils sont, le plus souvent, beaucoup plus durs à la fatigue, plus laborieux ; et, quant à la moralité, elle est chez eux incomparablement supérieure. Enfin, ils sont animés d'une dose assez notable d'esprit militaire. Toutes ces qualités compensent, à certains égards, ce que les Tadjyks possèdent de plus qu'eux, c'est-à-dire l'esprit et la vivacité de compréhension. Les Turcs, sous ce rapport, ont une infériorité incontestable. Ils sont lourds, assez épais ; et, quand on en voit un aux prises dans une discussion avec un Tadjyk, on est à peu près sûr qu'il y succombera. Cependant, voici qui achève de prouver que, s'ils manquent de l'agréable, ils ont le solide : toutes les dynasties qui se sont succédé en Perse ont été de race septentrionale ; et, à ne prendre les choses que depuis Alexandre,

les Arsacides étaient des Scythes, les Sassanides
sortaient de la famille souveraine de l'Aran, petite
province de la Caspienne ; aussitôt que le khalifat
perdit ses forces, ce furent les Gasnévides, les
Seldjoukides, deux races turques, qui réunirent
l'empire. Après les Mongols vinrent des Tartares ;
après les Tartares, des Turcomans ; après ceux-
ci, les Sèfévys, issus d'un Turc d'Ardébyl ; après
les Sèfévys, et le long interrègne, les dynastes
actuels, turcs comme tous leurs devanciers.

Mais si l'on peut aisément concevoir que les
défauts et même les qualités des Tadjyks ne leur
aient jamais permis d'arriver au gouvernement,
on doit comprendre aussi qu'aucun intérêt ne les
attache à des maisons royales toujours issues d'un
autre sang que du leur et s'appuyant sur d'autres
que sur eux, enfin les traitant sans aucune considération. De toute antiquité, il est profondément
indifférent aux Tadjyks que la monarchie s'écroule,
parce que la monarchie, ce n'est pas eux ; et,
comme ils sont une agglomération, mais non pas
un corps politique, il leur est non moins indifférent que le chef de l'État soit un Tadjyk comme
eux, un Turc, ou tout autre. Peut-être même, car
le cœur humain est ainsi fait, auraient-ils encore
moins-d'amour et de respect pour un de leurs
pareils que pour un étranger. L'envie s'en mêlerait.

Du côté des Turcs le point de vue est tout autre,
mais le résultat est le même. La tribu triomphante
est satisfaite si l'avantage qu'elle a de compter
dans ses rangs le souverain lui vaut beaucoup

de biens et de faveurs, problème toujours difficile à résoudre. Ses alliées et ses parentes penseront comme elle sous les mêmes conditions ; mais les autres tribus ? Les autres tribus restent dans un état permanent d'irritation, parce qu'elles se trouvent des droits imprescriptibles à être à leur tour tiges royales, et elles attendent ce jour avec impatience. Je parle des tribus turques, bien entendu. Les tribus farsys et kurdes ne songent pas à ces choses et sont assez occupées de se faire la guerre toute l'année.

En résumé, je dirai donc qu'à mon sens, les Persans ont du patriotisme une partie en quelque sorte immortelle ; ils s'aiment eux-mêmes dans leur pays et aiment leur pays en eux-mêmes. Ils verront indifféremment passer sur leurs têtes les gouvernements les plus divers sans s'éprendre ni des uns ni des autres ; et, par ce fait, ils se montrent tout à fait dénués du patriotisme politique ; mais les dominations, les conquêtes, les annexions, useront leurs forces et tomberont sans avoir entamé l'individualité iranienne. On mutilera en vain la Perse, on la divisera, on lui pourra ôter son nom, elle restera la Perse, et, partant, ne saurait mourir. Il me semble voir un granit que les flots de la mer ont roulé dans les profondeurs, qu'une révolution du globe a mis à sec, qu'un fleuve a encore promené, et qui, usé, arrondi aux angles, éraillé en maints endroits, mais toujours granit, repose, pour le moment, au centre d'un vallon aride. Il reprendra ses pérégrinations quand il plaira à la nature. Peu lui importe l'élément qui l'emportera et les aventures qu'il pourra courir. Tant qu'il n'aura pas disparu, il sera toujours granit ; et, pour une force qui l'écornera à peine en cent ans, il en usera des milliers.

CHAPITRE II

LA RELIGION

Après le sentiment national qui, suivant sa façon d'être, donne à un peuple une place dans la création, le point le plus intéressant à observer est l'étude des croyances religieuses.

A juger sur les apparences, la Perse est un pays de mahométans. La foi musulmane seule y est reconnue, et les habitants, qui ont toujours à la bouche des formules pieuses tirées du Koran, semblent les croyants les plus zélés du monde. Il est impossible de causer un quart d'heure avec un indigène, quel qu'il soit, et d'un sujet quelconque, sans entendre des expressions telles que celle-ci : *Inschallah !* S'il plaît à Dieu ! *Masch allah !* Que Dieu nous garde *! Khodavend-Alèn,* le Seigneur du monde ; *hezret-è-peïgomber,* Son Altesse le Prophète ; *selaval Allah aly hou aleh !* que Dieu le sauve et l'exalte ! et autres formules pieuses du même genre. Parle-t-il du Koran, il l'appelle dévotieu-

sement le *Livre de Dieu*. Veut-il en citer quelques
passages, il les qualifiera de *précieux versets* ; et,
pour peu que les assistants soient nombreux, il
ne proférera ces termes d'une piété recherchée
qu'avec un accent dévot et nasillard, renflant sa
voix, levant les yeux au ciel et se donnant toutes
les apparences d'un petit saint. Et avec cela, on
peut considérer comme une vérité hors de toute
contestation que, sur vingt Persans prenant tous
également cet extérieur, à peine un seul croit-il
à ce qu'il dit. Comment une nation entière a-t-elle
été amenée à ce singulier spectacle d'une hypo-
crisie universelle, dont personne n'est dupe, et
à laquelle tout le monde pourtant se soumet ?
c'est assurément une question de philosophie
morale et politique des plus curieuses à exa-
miner.

Je serais porté à croire que l'origine de ce phénomène est antérieure à l'islamisme. Sous les Sassanides, le corps des prêtres du feu, les mobeds, avait
acquis une influence énorme dans l'État. Ils étaient
à peu près tout-puissants dans les conseils du souverain, s'étaient fait une grande part dans l'administration civile, et, confondant le domaine de la
foi avec celui de la politique, n'admettaient pas
qu'aucune partie de cette dernière pût leur rester
fermée. Pour que cette prétention s'exerçât sans
réclamations et sans résistances, il aurait fallu
que la nation tout entière partageât les idées du
magisme, et il s'en manquait de beaucoup. D'abord
parmi les mages, on comptait de nombreux dissi-

dents, des sectes repoussant l'autorité nouvelle
accordée aux mobeds ; ensuite, il y avait des
bouddhistes en grand nombre, puis des chrétiens,
catholiques et autres ; des gnostiques qui se rap-
prochaient de ces derniers sans se confondre avec
eux ; des sabéens et les débris d'une foule de religions anciennes dont on a encore des spécimens
dans les sectes yézidys et quelques cultes analogues. Les mobeds, corps puissant, bien organisé
et dirigé par des chefs fougueux, n'hésitèrent pas
à entrer dans un système soutenu de persécution,
qui laissa de bien loin derrière lui tout ce qu'on peut
raconter ou inventer sur l'Inquisition d'Espagne,
et ils frappèrent avec une rigueur égale leurs antagonistes sans distinction aucune.

On ne saurait douter que la persévérance avec
laquelle ils appliquèrent ce système ne les eût
conduits finalement à triompher, si d'une main
ils n'avaient repoussé les néophytes qu'ils rame-
naient de l'autre. En vertu de leurs dogmes, tous
les artisans qui, par profession, taillent la pierre
ou emploient le feu, étant déclarés violateurs de
la pureté des éléments, étaient à perpétuité considérés comme impurs. On voulait qu'ils n'eussent
pas d'autre religion que celle de l'État, et pourtant
cette religion les traitait en parias, leur refusait
l'entrée des temples, défendait aux fidèles de s'allier
à eux, les accablait d'outrages et de restrictions
gênantes, sans pouvoir même, comme le brahma-
nisme a su le faire, promettre à ces malheureux,
dans une seconde naissance, un dédommagement

de la position présente, au cas où elle serait sup-
portée avec patience et soumission.

Le résultat logique d'une telle façon d'être aurait dû amener l'extinction des corps de métier
ainsi maltraités et réprouvés. La nation entière
fût redevenue, comme aux époques antiques, un
peuple exclusivement pastoral, agricole et guerrier ; elle eût renoncé aux arts et aux jouissances
du luxe, ou bien n'aurait plus connu les uns et les
autres que par le commerce étranger et l'importation. Mais c'est là ce qui ne pouvait être et ce
que les mobeds eux-mêmes ne souhaitaient pas.
L'habitude du luxe était trop bien enracinée pour
qu'on pût songer à la faire disparaître. Les rois
aimaient les trônes d'or, les parures splendides ;
leurs femmes, les joyaux précieux et les vêtements
de couleurs diverses richement brodés. Les prêtres voulaient ceindre la tiare bien ornée, et ne
consentaient pas à prier ailleurs que dans des
temples construits avec toutes les recherches dont
ils maudissaient les moyens. Dans cette situation
violente, il y eut des explosions terribles. Les
classes industrielles, qui formaient, comme partout, la majorité des populations urbaines, répondirent à la persécution par la haine et éclatèrent
avec furie en plusieurs occasions, surtout sous le
règne de Kobad, où l'hérésiarque Mazdak, se mettant à leur tête, flatta toutes leurs passions en
prêchant la destruction des mobeds, la commu-
nauté des femmes et des biens et toutes ces hon-
teuses folies, toujours les mêmes, presque sans

variantes, dans les sociétés vieilles et sans conscience. Le pouvoir civil, uni à l'autorité religieuse,
se défendit en cette circonstance ; il comprima le
mal, mais ne l'étouffa pas ; de telle sorte qu'au
xe siècle de notre ère, quatre cents ans après l'avènement de l'islamisme, on comptait encore en
Perse de nombreux partisans de l'ancienne religion de Mazdak.

Cependant je dis que le mal fut comprimé, et
par conséquent forcé de se cacher. Alors commença
cette dissimulation plus ou moins bien gardée
qui donnait la paix à tout le monde. Les dissidents
se turent pour ne pas être poursuivis. Les maîtres
feignirent de ne rien voir pour ne pas avoir à lutter
sans cesse. Pourvu qu'extérieurement on ne pro-
testât pas contre la religion établie, chrétiens,
bouddhistes, gnostiques, sabéens, idolâtres, mazdakites ou qui que ce fût, vécurent en paix. La
mode des religions secrètes s'établit.

Si l'ordre matériel ne fut plus autant troublé,
l'ordre moral en souffrit profondément. Les religions, devenues occultes, perdirent de leur dignité,
perdirent de leurs dogmes ; elles se cramponnèrent
dans le fond des consciences obscures qui les ren-
fermaient à quelques points jugés essentiels, et
négligèrent le reste. Ce qui leur parut surtout
important, ce fut de conserver une haine irrécon-
ciliable contre le culte dominateur, dans l'espoir
de se venger de lui. Sur ces entrefaites, l'islamisme
naquit.

La rapidité avec laquelle il s'étendit en Perse,

arrivant en quelques années à tout dominer de
l'Euphrate à l'Indus, a quelque chose de prodigieux et que l'on ne s'expliquerait pas si l'on ne
tenait compte de la situation que je viens d'es-
quisser. Le jour de la rancune avait lui. Dans les
villes, les dissidents opprimés levèrent la tête.
La foule des artisans, la populace maltraitée par
les mobeds, les artistes, les incrédules de position
ou de condition, se jetèrent dans les bras des Arabes
vainqueurs. L'amour des révolutions et du pillage
fit le reste. Les populations urbaines adoptèrent
immédiatement la foi nouvelle ; celles des campagnes, dirigées par la noblesse féodale, la repoussè-
rent encore pendant bien des siècles. Cette foi,
pourtant, était des plus commodes. Pourvu que
l'on prononçât tout haut la formule : « Il n'y a
de Dieu que Dieu, et Mahomet est le prophète
de Dieu ! » elle déclarait qu'elle n'avait pas à
scruter la conscience de l'homme ; partant, elle
mettait d'elle-même les religions secrètes bien à
l'aise. Tout semblait présager que le corps des
mobeds allait disparaître, victime d'une réaction
si furieuse.

Mais ce corps ne se trouva pas disposé à ambi-
tionner les honneurs du martyre. Il s'était trop
mêlé aux affaires mondaines pour n'en pas avoir
contracté le goût au détriment de la pureté de sa
foi, et, au lieu de résister carrément aux Arabes
et aux insurgés nationaux comme il aurait dû le
faire pour sa gloire, il traita avec les premiers.

Ceux-ci, de l'aveu d'un calife, avaient bien le

génie militaire, mais ils ne possédaient en aucune
façon celui du gouvernement et de l'administration. Les mobeds s'offrirent à mettre leur expérience au service du vainqueur, si le vainqueur
voulait en user. Il accepta, sur ce point de ses conquêtes, comme il accepta de pareils traités ouverts
ou tacites sur tous les autres, en se réservant la
guerre, l'invasion, le pillage, la grosse part du butin;
il prit les mobeds pour intendants, à la condition
qu'ils reconnaîtraient l'islam ; ils y consentirent,
en arrangeant tout aussitôt un islam d'une façon
qui l'eût rendu méconnaissable pour Mahomet, et
qui ne ressemble à rien de ce qui se voit dans lo
reste du monde musulman.

Ils se reconstituèrent en clergé inquisitif, dominateur, changeant seulement leur nom de mobeds
en celui de moullahs. C'était déjà une grande nou-
veauté, car partout ailleurs qu'en Perse l'islam
n'a pas de prêtres et ne saurait en avoir. Ils établirent en principe que lire le Koran sans la participation d'un moullah constituait en soi une hérésie
grave, et que le moullah seul devait et pouvait
donner aux fidèles le véritable sens du texte sacré.
C'était une autre innovation qui allait jusqu'à
l'énormité. Pour soutenir de telles doctrines, ils
firent un pas de plus : ils s'appuyèrent sur l'autorité d'une foule de *hadys* ou traditions sacrées
du Prophète et des imams, dont personne qu'eux
seuls, dans le monde musulman, n'a jamais entendu parler, et multipliant ces textes au gré de
leurs besoins, ils en ont formé des collections telle-

ment volumineuses que l'imagination s'en effraye.
Ils avaient eu peu de goût tout d'abord pour la
simplicité par trop sèche de leur nouvelle foi, qui
pouvait convenir à des Arabes grossiers, mais ne
cadrait nullement avec les besoins d'esprits aussi
raffinés que les leurs. Un de leurs premiers soins
fut donc de la compliquer, et profitant de l'attrait
que la nation éprouvait pour les Alydes, et qui
était une sorte de protestation déguisée contre les
Arabes, et partant contre l'islamisme lui-même, ils
inventèrent le culte des imams, et lui donnèrent
une portée telle que non seulement la majesté du
Prophète s'effaça devant le rayonnement de ses
petits-fils, mais encore Dieu lui-même en fut
amoindri.

Ils avaient eu comme mobeds, sous les Sassanides, une part fort grande en bien des points de
la justice civile. Sous le nouveau régime, ils l'atti-
rèrent tout entière à eux en tant qu'elle releva du
Koran ; mais agir comme les kadys arabes ne leur
suffisait pas. Ceux-ci écrivent leurs jugements et
les motivent sur les textes sacrés ou sur des interprétations admises de jurisconsultes dont l'opinion fait loi : comme ils s'attribuaient, en point
de dogme, l'interprétation exclusive du Koran,
ils firent de même en point de droit, ne se piquè-
rent pas de suivre une législation de précédents,
et décidèrent dans tous les cas, suivant la visée,
le caprice, l'intérêt ou la passion du moment. De
la sorte ils restèrent extrêmement puissants dans
la société persane. Les marchands qui en avaient

sans cesse besoin, en leur qualité de juges civils,
allèrent à eux avec empressement ; le bas peuple,
qui en recevait des aumônes, se mit sous leurs
pieds, et ils se trouvèrent en face des rois, tout à
fait en état de les braver. Ceux-ci prirent peur.

Le premier souverain de la dynastie des Séfévys,
qui monta sur le trône au xvie siècle, n'était pas
musulman. C'était un soufy ; il y a de fortes raisons
de croire qu'il fut offusqué à l'abord par cette
grande puissance rivale de la sienne, et que, s'il
l'avait pu, il l'aurait supprimée. Mais la tâche
lui parut trop ardue, et, au lieu de commencer
une guerre dont le résultat était fort incertain, il
préféra se jeter tout à fait dans les bras que d'ailleurs on lui ouvrait. Cette époque qui avait paru
menacer la puissance des moullahs marqua au
contraire le début d'une ère d'agrandissement.

La partialité des Persans pour les Alydes avait
donné naissance dès le principe à plusieurs sectes
dont quelques-unes s'étaient étendues jusqu'en
Syrie, et dont la plus considérable était celle des
Schyytes. Les moullahs avaient toujours penché
vers cette opinion. La nouvelle dynastie, d'accord
avec eux, en fit la religion de l'État, modifia profondément la doctrine orale et rompit avec le
reste de l'islamisme. De ce moment, les disparates
qui existaient dans la façon dont les Persans avaient
compris la loi de Mahomet recevaient une consécration ; elles étaient légitimées. L'existence d'un
corps ecclésiastique, le culte exagéré des imams,
une théologie toute raffinée et aussi exubérante

en développements que le Koran se montre simple, enfin la vénération des saints poussée à un degré qui en fait des demi-dieux, tout cela fut rédigé en corps de doctrine et non plus seulement toléré ou favorisé, mais commandé. En pratique, les moullahs se trouvèrent les maîtres absolus de l'empire.

Comme à tant d'autres pouvoirs pour lesquels il a été dangereux d'atteindre l'apogée de leur développement, cette situation omnipotente commença bientôt à faire sentir ses inconvénients. Jusqu'alors, il faut le dire pour être juste, les moullahs s'étaient montrés pareils dans le bien comme dans le mal à leurs ancêtres les mobeds. S'ils étaient aussi ambitieux et avides, ils étaient aussi savants et énergiques, habiles dans l'art de connaître les hommes et de les mener. Ils n'avaient pas laissé manquer l'islamisme d'intelligences supérieures. Au contraire, et si l'on examine les listes des grands penseurs, des grands historiens, des grands érudits, des grands grammairiens arabes, on y trouvera surtout des moullahs persans. Mais parvenus au pinacle, ils s'arrêtèrent sur cette magnifique route. A dater du temps des Séfévys, ils ne produisirent plus guère d'hommes remarquables dans aucun genre. Lorsqu'eut lieu l'invasion afghane au commencement du xviiie siècle, ils furent déplorables de nullité, et les conseils détestables qu'ils donnèrent au malheureux roi schah sultan Hussein déterminèrent la chute de l'empire, malgré la bonne volonté des peuples, très ardents à se défendre contre les pillards. Pendant la période de désordre qui suivit et dura plus d'un demi-siècle, ils achevèrent de se corrompre et ne furent plus les hommes les plus éclairés du pays. Parmi les laïques, beaucoup d'intelligences s'élevèrent, qui parurent aux yeux du public plus éminentes, plus fécondes, et partant plus respectables. Peu à peu ils tombèrent au rang de chefs de la populace. Uniquement préoccupés du soin de se conserver cette ressource, ils se firent les complaisants de la plèbe, affichèrent un zèle immodéré pour la collecte des aumônes dont une bonne part leur restait dans les mains, et, en leur qualité d'administrateurs de la justice, s'attachèrent à donner toujours raison à des misérables dont, à un jour dit, ils pouvaient avoir à réclamer l'appui. Mais si, dans les émeutes, on continua de les craindre, si le gouvernement lui-même trembla quelquefois devant eux, les classes supérieures s'en éloignèrent, apprirent à les mépriser, et alors commença ce système de dénigrement et de moquerie qui remplit la littérature persane d'histoires scandaleuses de tous genres dont les déportements du clergé font les frais. On les représenta, dans les chansons et les écrits satiriques, comme des voleurs, des ivrognes, des assassins ; il n'est pas de vices qu'on ne leur attribuât ; les peintures licencieuses qui se vendent partout et avec une liberté vraiment naïve, ne discontinuèrent plus de mettre des moullahs en scène, et si les hommes raisonnables ménagèrent de telles gens, ils n'apportèrent

pas moins de soins à s'écarter de leur fréquenta-
tion. Alors le gouvernement, se rendant compte
de cet état de choses, comprit que les moullahs
avaient cessé d'être réellement redoutables, et
que pour les contenir il ne s'agissait plus d'affronter
les susceptibilités de la conscience publique, mais
seulement les vociférations payées de la lie du
peuple. Un des premiers essais qui furent tentés
d'appliquer la connaissance de cette vérité eut
lieu à l'avènement de Mohammed-Schah, père
et prédécesseur du souverain actuel. La ville de
Tebryz fut troublée par une émeute que conduisait
un moullah et qui menaçait le palais. Le roi fit
saisir le perturbateur et donna l'ordre de l'étrangler à la vue du peuple. Aussitôt l'attroupement
se dissipa, et les habitants de Tebryz louèrent le
roi de sa justice. Plus tard, à Ispahan, des atro-
cités ayant été commises sur la population paisible
par des bandes de vauriens qu'excitait le mouschtehed ou chef du clergé, Mohammed-Schah entra
dans la ville avec du canon, arrêta les principaux
mutins, les fit mettre à mort, fit tuer des moullahs
et exila le mouschtehed. La Perse entière apprit
ces nouvelles et accueillit avec une froideur iro-
nique les plaintes de la caste dépossédée de son
prestige. A dater de ce moment, l'autorité royale
marcha d'un pas très ferme dans la réaction contre
un pouvoir qui l'avait souvent gênée et qui toujours lui avait fait grand'peur. Le prince s'attribua
la nomination des mouschteheds, ce qui n'avait
pas lieu autrefois. Il ne les reconnut plus comme

inamovibles ; il n'admit même plus que leurs délits
échappassent à sa connaissance. A son gré, il les
cassa, les envoya en exil, les mit en prison, leur
fit payer des amendes ; en un mot, il en fit des
fonctionnaires tout aussi humbles, tout aussi dé-
sarmés que les autres, et les moullahs ont si bien
conscience de leur faiblesse, qu'ils n'osent plus
dire ni faire que ce que le gouvernement leur permet
ou leur indique. Aussi une sorte de faveur leur
est-elle revenue depuis sept ou huit ans, et, par
un revirement assez naturel, il semblerait quelquefois que le souverain et ses conseillers craignent
d'avoir été trop loin dans l'abaissement infligé à
la caste sacerdotale et voudraient lui rendre un
peu de crédit. Mais ce n'est pas chose facile. En
vain le roi lui-même daigne-t-il aller une fois l'an,
en cérémonie, honorer d'une visite les principaux
personnages ecclésiastiques de sa capitale et leur
témoigne-t-il, à l'occasion, par les titres pompeux
dont il les décore dans ses rescrits, un respect
officiel. Le public ne s'en émeut pas et n'en est
pas ébloui. L'habitude est prise de ne plus respecter les moullahs, et on ne les respecte plus.
D'ailleurs le gouvernement ne peut s'empêcher de
défaire d'une main ce qu'il semble vouloir rétablir
de l'autre, et il est si prompt à maltraiter le clergé
quand le clergé le mécontente, que l'impuissance
radicale de celui-ci se manifeste trop. Ensuite il
en obtient une obéissance trop facile. On en a vu
la preuve plus haut, dans ce que j'ai dit de la prédication de la guerre sainte à propos du démêlé

avec l'Angleterre. Mais encore pouvait-on conce
voir que, sans blesser sa conscience, le clergé
donnât son concours à une affaire de ce genre.
En voici une autre qui ne saurait être envisagée
de la même manière.

Le roi Nasreddin-Schah est jeune et doué d'une
active imagination. Sa piété est vive, mais, pas
plus que celle de son père, elle n'est contenue dans
les limites du strict islam ; et il ne peut en être
autrement, puisque Nasreddin-Schah est essentiellement un Persan, et doit avoir les sentiments,
les instincts, les entraînements qui ont toujours
existé dans son peuple. Il a donc voué, entre
autres pratiques de dévotion, un culte particulier aux saints ; il manifeste sa piété en remplissant ses appartements de portraits et d'effigies
sacrés auxquels il se plaît à adresser ses prières.

Il y a environ un an, il annonça qu'une image
authentique d'Aly était en sa possession ; que cette
image, apportée de l'Inde, avait une origine qui
ne pouvait en faire suspecter la parfaite ressem-
blance, et qu'en conséquence c'était pour la nation
le plus précieux des palladiums ; qu'inspiré par
son respect pour le gendre du Prophète et la source
de l'Imamat, il avait résolu de se décorer officiel-
lement de ce portrait sacré ; que cette circonstance
devait donner lieu à une solennité digne de la religion et du trône. En effet, les grands de l'État
furent convoqués à jour dit au palais de Téhéran,
les troupes se mirent sous les armes et le corps des
moullahs, ses chefs en tête, vint faire ses compli-

ments au roi, approuver sa piété et lui pendre au cou la sainte effigie. Jamais rien de semblable ne s'était vu en Perse depuis l'invasion arabe, et tout le monde le remarqua. Tout le monde fit cette observation que le roi avait raison d'avoir une religion à sa manière, et cette observation est essentiellement persane ; mais on ajouta que les moullahs étaient forcés d'être strictement musulmans, vu que sans cela ils n'avaient pas de raison d'être, et que si un point était clair dans le Koran, c'était la défense de figurer la forme humaine, à plus forte raison celle des imams. On en concluait que les moullahs étaient sans pouvoir de résistance comme sans honneur, puisqu'ils ne s'étaient pas refusés à accomplir un acte qu'ils ne pouvaient pas approuver, et leur déconsidération s'en serait accrue si la chose eût été possible.

Par ce que j'ai vu, je crois cette déconsidération on ne peut plus méritée. Un des principaux chefs du clergé de Téhéran est une espèce de bouffon célèbre par des escapades de jeune homme ; un autre, non moins élevé en rang, s'était fait le dépositaire de l'argent que me volait un de mes domestiques, et, quand j'eus congédié celui-ci, il refusa de lui rendre la somme. Peu de temps après, le gouverneur le fit arrêter pour une fredaine qui passait un peu les bornes. En un mot, le clergé musulman de Perse mérite, dans sa grande généralité, le mépris et la haine qu'il inspire à la nation ; je ne doute pas toutefois qu'il ne renferme encore des exceptions dignes de respect. A la vérité, je

n'en ai pas vu, mais on m'assure qu'il y en a et
cela peut être. Sodome et Gomorrhe seules ont été
tellement perverties que Dieu lui-même n'a pu
y découvrir dix honnêtes gens. Quoi qu'il en soit,
ces exceptions ne peuvent sauver un corps tout
entier.

Il est arrivé dans d'autres milieux, et pourquoi
craindrais-je de le dire ? il est arrivé dans le catholicisme lui-même que la corruption du clergé ne
mettait pas en danger la religion. Les désordres
des clercs aux xive, xve et xvie siècles ont sans
doute fait beaucoup de mal et créé la plaie du
protestantisme ; mais, en somme, la foi catholique est sortie triomphante et intacte de cette
épreuve, et jamais elle n'a été plus vigoureuse
qu'au xviie siècle et de nos jours. Mais il ne saurait
en être de même pour l'islamisme persan. En
mettant à part toute considération sur la valeur
respective de la foi catholique et de l'œuvre de
Mahomet, j'ai expliqué comment cette dernière
avait réussi en Perse et pourquoi. Importée dans
les désordres d'un empire caduc et en dissolution
par une vigoureuse farandole de bandits, eux-
mêmes peu croyants, mais jouant le tout pour le
tout et gagnant d'autant plus de provinces qu'ils
n'avaient pas grande envie de retourner en arrière
et de rentrer dans leurs sables, elle fut accueillie
comme une vengeance par des castes infimes
opprimées. Elle ne leur demanda pas un bien grand
apport de convictions et n'en obtint pas d'elles.
Tout ce qui était riche, instruit, réfléchissant, et

qui se soumit, accepta la foi nouvelle sous bénéfice d'inventaire, et les moullahs seuls, dans l'intérêt de leur domination, purent concevoir l'idée d'écha-fauder un monument dogmatique sur le sol étroit et stérile que l'Arabie leur livrait. Sans les moullahs, pas d'islamisme en Perse. Du jour où on n'a plus eu foi en eux, on n'a plus cru à rien de ce qu'eux seuls préconisaient, et c'est ainsi que dans les masses persanes l'islamisme est perdu, et on peut affirmer qu'aujourd'hui les anciennes religions secrètes du temps des Sassanides non seulement ont repris tout le terrain que les premiers siècles de la domination musulmane leur avaient fait abandonner, mais encore qu'elles se sont bien autrement propagées qu'elles n'avaient réussi à le faire, malgré l'inquisition des mobeds. Consi-dérer ces cultes ou ces opinions étouffées est donc le seul moyen de se rendre compte des idées des Persans en matière de foi. Je vais le faire d'après l'étendue où j'ai pu parvenir à comprendre une matière nécessairement si difficile, car on ne perd pas de vue que quel que soit le Persan à qui l'on parle, il faut souvent beaucoup de temps, dans tous les cas il faut lui inspirer beaucoup de confiance pour qu'il cesse de vous affirmer que Mahomet est le prophète de Dieu. Par conséquent aborder un pareil sujet, c'est s'enfoncer sous de triples voiles.

Les opinions schyytes, étant une branche de l'orthodoxie, ont naturellement donné naissance à des rameaux dissidents, et en assez grand nombre.

Mais ne pouvant pénétrer bien avant dans les masses, puisque en réalité celles-ci ne sont pas musulmanes, ces hérésies vivent quelque temps dans un cercle plus ou moins étendu de théologiens et d'adeptes et finissent par disparaître pour faire place à d'autres qui se renouvellent incessamment. Celle qui paraît être le plus à la mode à cette heure, c'est la doctrine des scheykhys, inventée par un docteur du sud de la Perse, il y a soixante ou quatre-vingts ans. La partie dogmatique s'occupe surtout de la nature du dernier des imams, l'imam Mehdy, qui, suivant les croyances de tous les peuples mahométans, doit reparaître à la fin des siècles. Mais les docteurs schyytes affirment qu'il ne faut pas entendre par là une rentrée dans le monde matériel et visible, mais seulement la manifestation d'un fait toujours existant, quoique caché. En un mot, ils enseignent que l'imam Mehdy n'a jamais quitté la terre et ne la quittera pas jusqu'au jour du jugement, car le monde ne se soutient et ne peut exister qu'en vue des mérites des imams, résumés en quelque sorte dans le dernier d'entre eux, et, si celui-ci disparaissait, le monde n'aurait plus de raison d'être. Cette idée est un des fondements de la foi schyyte et une des grandes pierres de scandale pour les sunnites, qui se plaignent, non sans quelque apparence de raison, qu'au milieu de cet enthousiasme pour les imams, le Prophète lui-même devient très peu de chose.

Mais la question soulevée par les scheykhys est

celle-ci : De quelle façon l'imam Mehdy est-il
présent sur cette terre, bien qu'inconnu ? Les théologiens officiels répondent qu'il existe, avec pleine
conscience de lui-même, caché sous une apparence
ou sous une autre, et traversant les siècles sans
mourir. Sachant que la divulgation de ce qu'il est
ne doit avoir lieu qu'à la fin des temps, il prend
soin de se dissimuler aux regards qui pourraient
le reconnaître, et évite de prolonger trop sa présence dans un même lieu, où différents indices
conduiraient à le faire découvrir. Les scheykhys
traitent cette explication de grossière et affirment
que l'imam n'a pas conscience de lui-même, et
que sa nature est l'esclave de la volonté divine
tout comme celle du plus humble d'entre nous ;
qu'il passe successivement dans le corps d'une
série de personnages qui se tiennent pour des
hommes semblables à tous les autres, qui n'ont
aucune prérogative particulière et qui meurent à
la façon accoutumée. Seulement leur âme, au lieu
de rentrer par la mort dans le monde immatériel,
reprend immédiatement une nouvelle demeure
charnelle. Quant à la morale, les scheykhys soutiennent que la pluralité des femmes est une mauvaise chose, que le Prophète l'a tolérée à tort, et
que le mieux est de s'en abstenir. Ils doutent que
la nature féminine soit inférieure à la nature
masculine. Enfin plus que tous les autres schyytes
qui cependant ne s'en font pas faute, ils sont d'avis
que le Koran, tout sacré qu'il peut être, contient
des choses que Mahomet aurait aussi bien fait

de n'y pas mettre, et que très certainement l'ange
Gabriel ne lui a pas dictées.

Les scheykhys, qui comptent un certain nombre
de partisans parmi les moullahs, ont été persécutés en différentes occasions ; mais persécutés à
la manière persane, c'est-à-dire qu'on a évité de
mettre en cause ceux qui ne parlaient pas trop
haut et qu'on s'est seulement occupé des esprits
trop belligérants. Dernièrement, les chefs du clergé
de Téhéran ont voulu renouveler ces sévérités
sur un de leurs confrères qui les avait assez vivement pressés dans une discussion publique, et les
avait trouvés à court d'arguments pour la défense
de l'orthodoxie. Ils demandaient donc que l'héré-
tique fût mis à mort ; mais le gouvernement les
engagea à se calmer, et les choses en restèrent là.

Je ne cite guère les scheykhys que pour montrer
un exemple du désordre qui existe dans l'islamisme persan, et je passe maintenant aux opinions
des anciens dissidents.

CHAPITRE III

LES SOUFYS

Parmi les populations des villes, tout homme appartenant à ce que nous appellerions la bourgeoisie, c'est-à-dire les employés du gouvernement, les marchands, les principaux artisans, peut être considéré comme soufy. On doit comprendre par cette expression ce que nous entendons nous-mêmes lorsque nous disons d'un homme qu'il a des opinions philosophiques. On indique par là que le personnage en question n'accepte aucune religion positive. C'est en effet ce que sont les soufys persans.

Un certain nombre d'entre eux, et dans leurs rangs il faut compter beaucoup de derviches, rejettent l'islamisme non pas comme absolument mauvais, mais comme indigne d'une âme un tant soit peu éclairée par la lumière céleste. C'est le lait des enfants, et ils veulent le pain des forts, qui consiste à repousser toute croyance dogmatique

et toute obligation morale étrangère à celle-ci :
la réunion de l'âme humaine à Dieu par l'extase.
Lorsque cette union est complète, l'âme se transformant devient elle-même participante à la nature
de l'être incréé, et l'homme est Dieu. Il y a eu
autrefois des enthousiastes mis à mort pour avoir
crié par les rues l'opinion exaltée qu'ils avaient
d'eux-mêmes. A côté du très petit groupe de ces
esprits excessifs, un grand nombre de gens n'acceptent de cette doctrine que la liberté de se moquer du Prophète et de toute prescription morale.
Quant à leur union avec Dieu et leur apothéose,
ils l'ajournent. Leur croyance active se reporte
sur un ensemble de superstitions dont l'origine
est très difficile à démêler, probablement impossible
mais qui date certainement de loin. On en trouve
les analogues dans toute l'Europe. C'est une vague
terreur ou une confiance également vague aux
génies bons et mauvais ou à telle ou telle action,
faits ou écrits, à des présages, à la chiromancie,
à la sorcellerie, à ces pratiques bizarres dont on
doit penser que plusieurs ont appartenu à des rites
tout à fait primitifs et dont le sens véritable s'est
perdu. Dans tous les cas, ces philosophes croient à
quelque chose de surnaturel, car c'est un principe
qu'il faut pour tous les Persans : on n'en rencontre
pas un seul qui soit dogmatique matérialiste, et
je suis porté à admettre que ce genre de doctrine
n'est pas possible en Asie. J'ai vu des hommes
extrêmement sévères pour toutes les religions posi-
tives, et ils étaient couverts d'amulettes. Ils vi-

vaient sans respect d'aucune loi morale, sauf leurs
instincts personnels du bien ; mais qu'il y eût une
part surnaturelle dans les choses qui sont, ils ne
le mettaient pas en doute.

Il se trouve des soufys qui acceptent quelque
chose de l'islamisme. Mahomet, suivant eux, est
un personnage très éminent, peut-être même a-t-il
eu réellement des communications avec l'ange
Gabriel ; mais, en ce cas, il ne l'a pas toujours
compris, et son livre n'est bon que sauf beaucoup
de corrections. Dans une espèce de déisme, dont
ils règlent eux-mêmes, dont ils font et défont les
limites, ces gens-là trouvent que les sunnites se
rapprochent plus de la vérité que leurs docteurs, et
les Wahhabites plus que les sunnites. Cependant ils
blâment les uns et les autres et se garderaient de
s'unir à eux, parce que le culte des imams les retient.

Il existe aussi des soufys qui ont entendu parler
de Voltaire, et le regardent décidément comme un
grand homme. On peut considérer les Russes
comme la source de cette doctrine, qui fait d'autant plus de prosélytes qu'elle ne voit uniquement
dans Voltaire que l'ennemi du clergé et des prêtres. Penser comme Voltaire, c'est détester les
moullahs, et la chose va de soi, personne n'y con-
tredit ; on trouve aussi une grande satisfaction
à avoir de son parti un sage européen. Cependant,
malgré cette faveur, aucun ouvrage de Voltaire
n'a été traduit, sauf, je crois, et encore n'en suis-je
pas très sûr, l'histoire de Charles XII, qui n'a
aucun rapport avec les idées philosophiques.

Enfin, pour en finir avec les soufys, une partie assez notable d'entre eux ne reconnaît que l'existence d'un Dieu qui ne s'occupe pas du monde, et celle de génies bons et méchants avec toute l'escorte d'idées thaumaturgiques qui en ressortent, des magiciens, des enchanteurs, des sorciers, et par-dessus tout cela, le grand œuvre, la transmutation des métaux. De très grands personnages s'arrêtent à un ordre d'idées où ils ont pour compagnons beaucoup de derviches.

Parmi ces derniers, on estime surtout ceux qui viennent de l'Inde comme étant les plus savants, les plus expérimentés, les mieux vus des puissances élémentaires et ceux qui possèdent les résultats les plus merveilleux. Il y a peu d'années qu'un homme de cette espèce arriva à Téhéran, il revenait de Kachemyr. Il était vêtu d'une robe de coton blanc toute déchirée, ses bras longs et maigres sortaient de deux manches qui ne tenaient plus. Il marchait nu-pieds. Sa tête était couverte d'une forêt de cheveux ébouriffés et incultes. Des yeux d'un éclat extraordinaire, des dents d'une blancheur éblouissante semblaient rendre encore plus noire sa carnation basanée. Cet homme avait parcouru l'Inde entière, le Turkestan et la terre orientale, et le bruit ne tarda pas à se répandre qu'il était en possession des plus beaux secrets.

Alors vivait dans la capitale un prince fils du roi Feth-Aly-Schah, occupé avec une ardeur peu commune de la recherche de la pierre philosophale. Il avait déjà dépensé beaucoup d'argent

dans cette étude et n'était encore arrivé qu'à exa-
gérer ses espérances de succès. Continuellement il
rêvait à sa passion, et s'entourait de tous les
hommes qu'il supposait propres à le servir. Un
jour qu'il était dans son palais, assis comme à son
ordinaire, au milieu de gens doctes et s'occupant
de ses recherches favorites, il vit entrer le derviche
indien, dont le bruit public lui avait déjà appris
l'arrivée. Celui-ci le salua de la porte avec humilité, et, sur l'autorisation qui lui fut accordée,
s'assit en dehors du tapis, et le plus loin possible
des places d'honneur. Cette modestie est toujours
très goûtée en Asie, et ne passe nullement pour
une marque du peu de mérite de celui qui l'affecte,
mais, au contraire, d'une modération qui indique
le sage.

Les premiers compliments échangés, le Schahzadeh remit l'entretien sur le terrain où il était
avant l'arrivée du derviche, et fournit à celui-ci
l'occasion de montrer s'il entendait réellement
quelque chose à ces matières ardues. L'Indien
répondit d'abord, d'une voix basse et soumise,
aux questions qui lui étaient adressées, donna à
l'assemblée la plus haute opinion de son mérite,
puis s'emparant graduellement de la direction du
propos, il souleva à son tour des difficultés, et
toutes ne furent pas résolues par les gens habiles
de la réunion ; alors, il présenta la solution, et
laissa entrevoir qu'en somme, c'étaient là des jeux
d'enfants, peu dignes d'occuper de vrais philosophes ; que ses voyages l'avaient fait pénétrer

dans des sphères bien supérieures, que les secrets
réels de la nature avaient toute une autre portée,
puis, comme en ayant dit plus qu'il ne fallait, il
laissa tomber la conversation, et à toutes les
attaques indirectes, il s'arrangea de façon à répondre d'une manière évasive.

Le Schahzadeh était hors de lui de satisfaction
et de curiosité. Il venait enfin de rencontrer un
de ces hommes rares dont les livres parlent tant,
et que l'époque actuelle montre si peu, un de ces
hommes absolument détachés du monde, complètement voués à la science, et qui, s'enfermant
pendant de longues années dans les cavernes pour
se livrer sans distraction à la méditation et à l'étude
en sortent un beau jour comme métamorphosés,
n'ayant plus d'humain que la forme extérieure,
mais tout divins par l'intelligence. Qu'un pareil
personnage eût daigné venir de lui-même visiter
le prince, c'était une marque à peu près certaine
qu'il était d'avance consentant à ne pas cacher
ce qu'il savait, et on pouvait en attendre les plus
sûrs effets quant à la découverte du grand œuvre.

Rempli de ces flatteuses espérances, le fils du
roi ne permit pas plus longtemps que le derviche
gardât la place inférieure à laquelle il s'était mis.
Il l'appela auprès de lui, l'accabla de prévenances
et d'attentions, et ne pouvant se contenir davantage, se pencha à son oreille et lui demanda son
aide dans les travaux qu'il avait entrepris. Le
derviche baissa la tête en souriant, et répondit au
prince qu'en vérité il se contentait de bien peu de

chose ; que faire de l'or à volonté était une misère
en comparaison de la destinée qui l'attendait, que,
lui, derviche, ne se risquait pas, sans raison majeure, à importuner un si grand personnage, et qu'il
ne voulait pour l'en instruire d'autre délai, voyant
l'impatience de Son Altesse, que le moment où
ils seraient seuls.

En effet, aussitôt que la compagnie se fut retirée,
le derviche, pressé par le Schahzadeh, exposa ce
qu'il avait à dire. Il était venu tout exprès du
Kachemyr pour voir le prince à Téhéran, et son
voyage n'avait d'autre but que de s'acquitter des
ordres d'une personne à laquelle il n'était pas
possible de faire résistance. Cette personne c'était
la fille du roi des génies, ou comme on dit en persan,
une *péryzadeh*. Cette péryzadeh, donc, qui d'ailleurs connaissait le derviche de longue main, lui
avait avoué qu'ayant aperçu le prince un jour à la
chasse, elle n'avait pu se défendre de concevoir
pour lui une passion irrésistible, qu'elle avait lutté
longtemps pour étouffer un sentiment qui ne pouvait pas convenir à un être de son espèce ; mais
enfin que, dans l'impossibilité de se vaincre, elle
prenait le parti de s'adresser à un ancien servi-
teur, à un homme dont elle connaissait la fidélité,
la capacité, la discrétion, pour aller révéler, à
l'objet d'un attachement si passionné, les résolu-
tions qui lui étaient inspirées et prendre les mesures nécessaires pour un mariage devenu indispensable.

Je ne sais, ajouta le derviche, ce que Votre

Altesse pensera de cette affaire, mais, en tout cas,
je vous demande une prompte décision, afin de la
transmettre à la personne de qui je dépends.

Comme on peut aisément le supposer, le Schahzadeh tomba dans une stupéfaction profonde, et
il n'en sortit que pour accabler le derviche de
questions, lui demandant où, comment et pourquoi
l'apparition de la péryzadeh avait eu lieu, quelles
circonstances avaient accompagné un événement
aussi extraordinaire, enfin tout le détail. Le derviche répondit que c'était à Kachemyr et dans les
jardins délicieux de cette vallée célèbre que l'être
merveilleux avait paru devant lui, que, dans cette
contrée favorisée, de tels faits, tout en gardant
toujours assurément leur prix, n'étaient pas aussi
rares qu'ailleurs ; qu'il fallait également tenir
compte de sa situation particulière, de son dévouement déjà ancien aux sciences occultes, des
relations qui en étaient résultées pour lui avec le
monde surnaturel ; enfin, il répondit à tout, leva
toutes les difficultés, ne fut embarrassé de rien, et
le prince enchanté ne conserva plus aucun doute.
Il déclara donc au derviche que, profondément
touché de l'affection dont la péryzadeh voulait
bien l'honorer, et pénétré de ses bontés, il sentait
naître en lui une ardeur poür le moins égale à
celle dont on venait de lui exposer la force, et
aspirait avec une impatience indicible au jour
d'une union qui ne pouvait avoir lieu assez tôt à
son gré.

Le derviche félicita Son Altesse des sentiments

qui lui donnaient à lui le bonheur d'avoir réussi
dans sa mission. Il observa que, devant la sympathie très naturelle qui venait de se manifester dans
l'âme de son royal auditeur, il était désormais
inutile qu'il insistât sur les avantages inouïs d'une
telle alliance. Richesses inépuisables, pouvoirs
dépassant de beaucoup l'autorité des plus grands
monarques, existence délicieuse dans un monde
enchanté, étaient peu de chose, comparés à la
félicité parfaite qui attendait l'heureux élu dans
les bras d'une épouse dont la nature surnaturelle
faisait déjà présager la beauté sans égale, et l'esprit sans comparaison possible ; il ne restait donc
plus qu'à se préparer au jour des noces, et là se
présentaient quelques difficultés.

La nature des péryzadehs est tellement délicate,
fine et exquise, que tout contact avec l'espèce
humaine devient, pour ces créatures merveilleuses,
une épreuve difficile à passer. Elles arrivent pleines
d'entraînement, et si, par malheur, ce qui est
presque inévitable, une circonstance quelconque,
une façon d'être, une parole, un geste, moins que
rien les choque, leur amour se change immédiatement en haine, et au lieu de tendresses infinies,
il y a grandement à craindre d'en recevoir les plus
mauvais traitements.

Cette révélation fit réfléchir le prince et jeta
un peu de froid dans l'expression de ses transports.
Il se demanda même s'il ne ferait pas mieux d'éviter
une aventure qui pouvait tourner tout autrement
qu'il ne le souhaitait. Mais le derviche, s'aperce-

vant des craintes que sa dernière confidence venait
de faire naître, s'empressa de les tempérer. Il dit
au Schahzadeh que les pérys étaient délicates,
mais non pas capricieuses ; qu'en particulier, celle
dont il s'agissait, bien connue de lui, était incapable
d'emportements immérités, et que, quant à le
mettre, lui prince, dans un état tout à fait irré-
prochable, et le rendre aussi pur que les intelligences élémentaires elles-mêmes, il en faisait son
affaire propre, et que, pour peu que ses avis fussent
écoutés, le marié ne courrait pas le moindre risque
de choquer en quoi que ce fût la sensibilité de sa
vaporeuse épouse.

Le prince reprenant courage se déclara prêt à
tout pour arriver à un résultat aussi heureux ;
alors le derviche lui fit subir un interrogatoire en
forme, entremêlé de prescriptions souveraines.
Avait-il l'habitude de boire du vin ? Le prince
avoua que quelquefois, le soir, lorsque des amis
étaient réunis autour de lui, il ne s'en abstenait
pas absolument. Le messager de la fille du roi
des pérys défendit le vin rigoureusement. Le
prince avait-il du goût pour le jeu ? Le prince,
en effet, jouait, il lui fut intimé d'y renoncer.
Enfin, et plus que tout le reste, cela se comprenait
assez, la recommandation de n'approcher du harem
ni de près, ni de loin, sous quelque prétexte ima-
ginable, fut décrétée sans appel. Mais c'étaient là
les interdictions destinées à faciliter la purification intérieure ; pour l'obtenir réellement, le derviche prescrivit quelques prières qui devaient

occuper les journées et une grande partie des nuits. Le prince devait s'efforcer d'avoir toujours la pensée tendue vers sa fiancée, et ne devait s'abandonner à aucune autre idée, quelque innocente d'ailleurs qu'elle pût être.

En même temps que l'esprit et l'âme allaient s'épurer par ce régime, il fallait aussi que le corps se raffinât en proportion. Le prince ne dut manger que très peu chaque jour, et seulement des végétaux accommodés de la manière la plus simple, un peu de lait et de sucre, mais rien qui eût eu vie. Il devait s'entourer constamment de parfums brûlant dans des cassolettes et s'inonder d'essences. Au bout d'un mois de cette manière de vivre, le derviche croyait pouvoir répondre qu'il n'y aurait plus aucun danger dans le rapprochement des deux époux, et il s'engageait à ne pas le retarder davantage.

Dès le jour même, le prince se mit à l'œuvre. Se confinant dans une solitude absolue, il ferma sa porte à tout le monde et passa ses journées avec le derviche, qui ne le quittait que pour se retirer dans une chambre écartée où il faisait à certaines heures des conjurations destinées à évoquer la péryzadeh, avec laquelle il avait de longs entretiens. Il en rapporta d'abord des nouvelles à son pénitent devenu fou d'amour, et bientôt aussi des lettres qui peignaient avec la vivacité la plus brûlante les sentiments de la fille du roi des génies. Le prince répondit sur le même ton et d'une manière plus emportée encore, de sorte qu'une correspon-

dance s'établit qui amortit quelque peu les transports impatients de l'amoureux Schahzadeh. Cependant ce n'étaient pas des lettres qu'il lui
fallait, et il pensa mourir dix fois d'angoisse et
de désir dans l'attente de cette fin de mois.

La veille du jour marqué arriva. Le derviche
déclara que le prince pouvait se considérer comme
parfaitement préparé, et affirma que la péryzadeh
serait contente. L'état de la lune lui parut favorable, la conjonction des astres on ne peut plus
heureuse ; bref, tout marchait au mieux et le lendemain, sans faute, devait avoir lieu l'union for-
tunée. Pour qu'aucun accident ne vînt les troubler, il conseilla au prince de quitter la ville et
de célébrer la fête nuptiale dans une de ses villas
voisines de Téhéran, idée que le prince trouva
admirable. Le jardin était charmant, situé au
milieu du désert, plein d'arbres, de fleurs et de
fruits ; des ruisseaux frais et limpides le traver-
saient en tous sens. On n'y voyait qu'ombrages
touffus, asiles du silence et d'un repos enchanteur.
La maison était petite à la vérité, mais bâtie à
neuf, ornée de peintures dans toutes les chambres
et dorée de toutes parts. Le prince y fit porter
ses plus magnifiques tapis de Faraoun et du Khorassan, ses vases d'or et d'argent les plus précieux, ses bijoux, de beaux coffres sculptés, des
porcelaines de Chine ; bref, ce qu'il possédait de
mieux. Il ne voulut pas qu'un seul de ses domestiques restât avec lui, il les renvoya tous à Téhéran
et passa le temps en compagnie du derviche à

remplir les vases de fleurs et à orner la chambre nuptiale. Ainsi que cela était convenable, la nuit fut employée tout entière à l'oraison et le derviche estima, lorsque l'aube parut, que, par surcroît de prudence, il était bon de jeûner une dernière fois.

Cette journée parut presque aussi longue au prince que tout le mois ensemble, et une lettre des plus tendres qu'il reçut de la péryzadeh ne fit que rendre l'attente encore plus lourde ; pourtant le soleil inclina à l'horizon, et la fiancée devait apparaître dans la chambre nuptiale une heure après le coucher du soleil ; le prince se rendit au bain. Épuisé comme il était par tant de jeûnes, d'oraisons, de privations, et surtout d'exaltation, il s'y endormit, et quand il ouvrit les yeux, la nuit était déjà complète et profonde. Il craignit d'être en retard et d'avoir fait attendre la fée. La peur le prit, et, à demi vêtu, il s'empressa de courir vers sa chambre. Les flambeaux n'étaient pas allumés. Il appela le derviche ; personne ne répondit. L'idée qui s'était déjà présentée à son esprit l'assaillit de nouveau : la fée était venue, et, l'ayant trouvé endormi, s'en était blessée et l'avait abandonné. Il passa dans le jardin pour conférer avec son confident et rajuster cette affaire, maudissant son imprévoyance ; mais il eut beau chercher partout, appeler, crier, le confident ne venait pas. D'exalté qu'il était, il devint à moitié fou, et plusieurs heures se passèrent ainsi à chercher, à fouiller dans les ténèbres, avant qu'il n'eût la présence d'esprit nécessaire pour faire

au moins de la lumière. Aussitôt qu'il y vit clair,
son étonnement redoubla : la maison était absolument mise à nu. Si la fée était venue, elle n'avait
pas borné son ressentiment à s'en aller simplement,
elle avait eu aussi la malice de tout emporter :
tapis, vases précieux, porcelaines, car rien ne restait que les quatre murs. Mais ce qui était non
moins extraordinaire, c'était la disparition du derviche ; dans son indignation, la fée l'avait-elle
contraint à la suivre ?

Tandis que le pauvre prince se posait toutes
ces questions et que, dans son désordre, il ne savait
comment les résoudre, il se jetait à terre en pleurant, il se frappait la tête contre les murs ou courait à travers le jardin en insensé, appelant tantôt
le derviche, tantôt la péryzadeh. S'il y avait eu
dans le voisinage quelque habitation, on l'eût
entendu ; mais la maison était isolée dans le désert, et il n'avait pas voulu qu'un seul de ses
hommes restât près de lui. Enfin le jour naissait
et le prince s'était laissé tomber sur l'herbe épuisé
de fatigue, lorsqu'il entendit le bruit de plusieurs
voix qui l'appelaient et semblaient venir du ciel.
L'espérance se ralluma dans son cœur qui battit
violemment ; il regarda de toutes parts et aperçut
quelques hommes qui le considéraient du haut du
mur de son jardin. Le prince leur exposa sa dé-
tresse, et il était tellement ému qu'il leur raconta
toute son histoire sans en rien réserver, concluant
par le malheur qu'il avait eu de blesser involon-
tairement la juste susceptibilité d'une personne

à laquelle, il ne pouvait se le dissimuler, il avait
manqué d'égards. Mais de ne plus retrouver le
derviche l'étonnait plus que tout le reste, et ce
dernier fait passait son intelligence. Ses interlocuteurs lui répondirent qu'ils étaient des paysans
qui allaient de bonne heure vendre leurs fruits à
Téhéran ; qu'en passant non loin de là ils avaient
été surpris de voir une échelle appliquée contre le
mur ; qu'ils avaient soupçonné quelque vol, étaient
montés pour s'assurer de ce qui se passait à l'intérieur et l'avaient alors entendu lui-même.

Avec l'aide de ces gens officieux, le prince réussit
à ouvrir la porte d'entrée qui avait été solidement
fermée, suivant ses propres ordres. Il s'habilla et
retourna à la ville ; mais si les Persans ont l'imagination très vive et assez crédule, ils sont aussi
fort goguenards et particulièrement impitoyables
dans leurs moqueries pour les erreurs qu'ils ne
partagent pas. L'histoire du Schahzadeh, du derviche et de la fille du roi des génies, courut le
bazar ; je ne sais comment les beaux esprits l'ar-
rangèrent, mais ils prétendirent que l'Indien était
un bon apôtre qui, mettant à profit la faiblesse
de tête du prince, avait inventé la commission
qu'aucune fée n'avait jamais pu lui donner, et,
après avoir rendu son malheureux disciple à moitié
fou, l'avait abandonné en lui emportant son bien,
sans doute à l'aide de quelque compère. Ce qui est
certain et indubitable, c'est que le Schahzadeh
n'épousa pas la fille du roi des génies ; qu'il n'eut
jamais ni vent ni nouvelle de ce qu'elle lui avait

pris ; que le derviche ne reparut pas, qu'on ne le trouva nulle part, et que le roi Feth-Aly-Schah, ennuyé des interminables plaisanteries bonnes et mauvaises du bazar, et des broderies qui s'y ajoutaient chaque jour, exila le prince son fils.

Des histoires aussi compliquées que celle-ci ne sont pas absolument communes en Perse, mais elles ne sont pas non plus très rares : l'esprit de la nation est porté au merveilleux. Le feu roi Mohammed-Schah ne doutait pas que son premier ministre Hadjy-Mirza-Agassy, vieux moullah qui avait été son précepteur, n'eût des communications directes et fréquentes avec la divinité et fût en lui-même un être d'une espèce peu ordinaire. C'était, en tout cas, un des originaux les plus complets que l'imagination puisse inventer. Les faiseurs d'or se rencontrent en foule ; enfin parmi ceux qui se moquent de ces adeptes, le plus grand nombre a d'autres fantaisies qui ont l'avantage incontestable de ne pas être aussi ruineuses, mais qui, en fait de singularité, n'ont rien d'inférieur. Tous ces gens-là sont compris sous la dénomination, comme on voit, très vague de soufys. Les mystiques proprement dits, qui, en Turquie, sont nombreux, se rencontrent rarement parmi les Persans, et il est remarquable que leurs principaux livres classiques, bien que composés dans la langue de l'Iran, se lisent plus à Constantinople qu'ailleurs.

En face de ces groupes philosophiques, je ne crois pas pouvoir mieux faire que de placer deux

autres espèces de croyants fort différents. Les
premiers habitent certains villages du Khorassan.
Ils professent pour les vaches un grand respect
et n'admettent pas qu'on puisse tuer les veaux
sans commettre un crime à peu près irrémissible.
On serait tenté de considérer ces religionnaires
comme les restes d'une colonie venue de l'Inde
à une époque inconnue ; mais dans les anciennes
idées des Guèbres, il se rencontre aussi beaucoup
de traces d'une semblable vénération pour ces
animaux, et il n'y aurait rien d'extraordinaire à
ce que les gens dont je parle fussent les descendants
d'une secte aborigène, et non pas des étrangers
émigrés. Quoi qu'il en soit, je ne les ai vus qu'en
petit nombre, et ils appartenaient aux classes les
plus humbles. Naturellement ils ne se complai-
saient pas à donner des détails sur leurs croyances,
et je n'en ai pas su plus que ce que j'en rapporte.
Ce serait cependant un point digne d'examen.

La seconde catégorie de dévots s'est formée
depuis une centaine d'années tout au plus dans
la Perse orientale ; elle a pour prophète un certain Séyd-Khayr-Oullah, qui se donne pour une
incarnation de la divinité. Lorsqu'il devient vieux
et que les infirmités commencent à le fatiguer, il
réunit ses disciples et leur annonce qu'il va rajeunir,
et qu'ils aient à ne pas s'étonner en le voyant
paraître sous une forme qui ne leur est pas connue.
Ayant ainsi prémuni son monde contre toute surprise, il entre dans un caveau où il a fait disposer
d'avance un bain d'eau forte. Il se plonge dans la

cuve, et au bout de peu d'instants les fidèles restés
en dehors, occupés à prier, voient sortir de là un
très jeune homme qui n'est autre que le Séyd-
Khayr-Oullah transformé. Depuis la première
incarnation de ce divin personnage, il a changé
deux fois de corps. Cette secte a fait de grands progrès dans le Seystan et dans le Khorassan, et elle
s'est aussi étendue du côté de l'Inde. J'ai entendu
dire que le Séyd était actuellement à Bombay ou
dans les environs. Il est probable que cette religion, dont je ne connais pas d'ailleurs les dogmes
ni la partie morale, n'est qu'une doctrine indienne
plus ou moins défigurée. Outre ces deux sectes,
il en existe bien d'autres, toutes plus étranges les
unes que les autres ; il y a ensuite les restes des
Sabéens, qui vont disparaître en laissant leurs idées
un peu partout ; il y a encore les variétés multi-
ples des yézydys, dans le Kurdistan ; mais tous
ces cultes, en définitive, ne comptent pas de bien
nombreux sectateurs. Je vais donc parler maintenant de la religion vraiment importante de la
Perse, et par ses dogmes, et par le chiffre de ses
adhérents, et par leur qualité. C'est la religion des
Ehl-è-Hekk, ou *gens de la vérité,* appelés Nossayrys
par les Arabes et les Turcs, et Aly-Illahys par les
Persans.

Ces deux dernières dénominations indiquent
l'une et l'autre une compréhension erronée du culte
des religionnaires en question. La première, celle
de *Nossayrys,* paraît les assimiler aux chrétiens,
avec lesquels ils ont d'ailleurs certains rapports

assez curieux. L'autre suppose qu'ils considèrent Aly comme Dieu et n'adorent que lui. Une secte de ce genre, en effet, existe en Perse ; elle a aussi des partisans dans toute l'Anatolie, et, ce qui est plus singulier, c'est que l'histoire musulmane raconte qu'elle s'est formée du vivant même d'Aly, et que celui-ci, musulman zélé et convaincu s'il y en eut jamais, fut une fois tellement scandalisé des adorations qu'on lui offrait, qu'il tira son sabre pour en frapper celui qu'il regardait comme un idolâtre de la pire espèce. Malgré cette résistance du dieu, la religion dont il était l'objet persista et même s'étendit, et, je le répète, elle compte des représentants en Perse, ou plutôt il est difficile de les distinguer des musulmans schyytes un peu exaltés. Compris par ces imaginations ardentes, on conçoit ce que le culte exagéré des imams peut devenir. Ce n'est pas une singularité médiocre dans l'histoire de l'esprit humain qu'une religion prenant un homme pour son dieu, malgré cet homme, et lui survivant pendant de longs siècles. Les Aly-Illahys regardant le gendre de Mahomet comme une incarnation de la divinité, il est vraisemblable que les musulmans les jugent uniquement sur ce dogme, et, pour ce fait, les ont assimilés aux chrétiens.

Les Ehl-è-Hekk ont une doctrine bien autrement complexe que les Aly-Illahys, et aussi bien autrement digne d'étude. Musulmans d'extérieur, comme tous les autres dissidents, ils professent plus qu'eux, et tout autant que les juifs et les chré-

tiens, la haine et le mépris de l'islam. Ils considèrent le Prophète koreyschyte comme un imposteur
pur et simple ; ils ne fréquentent pas les mosquées
et ne font la prière que lorsqu'il le faut absolument. Pour les chrétiens, ils sont bienveillants ;
ils n'en ont jamais reçu d'injures. Ils les considèrent
à beaucoup d'égards, et d'accord en ceci avec
l'idée que se sont faite les musulmans des deux
cultes, comme des demi-coreligionnaires. D'ailleurs, il est chez eux un grand point qui les empêche de ressentir un éloignement aussi marqué
que les musulmans à l'égard des croyances différentes de la leur : ils ne reconnaissent pas d'impureté légale. Si donc ils réprouvent l'islam, c'est
comme doctrine dominante, oppressive, devant
laquelle ils sont obligés de se cacher, et qui les
gêne.

Une telle tolérance est tout à fait opposée aux
principes des religions antiques. Toutes étaient
basées sur la séparation de la nature en êtres et
en choses pures et impures. Les Arians iraniens
maintenaient sévèrement cette distinction, les
Hindous de même. Les Grecs, dans leurs cultes
mystiques, à Éleusis et ailleurs, ne reconnaissaient
comme purs parmi les créatures humaines que les
initiés. Les Italiotes repoussaient de même les pro-
fanes, dans une catégorie à part. Toutes les religions sémitiques, le judaïsme aussi bien que le
culte d'Anaïtis, de Mylytta et du Melkart de
Tyr, enseignaient des doctrines analogues. Enfin,
l'Égypte n'était pas moins stricte que l'Inde dans

cette séparation de la nature animée et inanimée
en deux catégories hostiles et irréconciliables.
L'islamisme, en mitigeant ce principe chez les
Sunnites, l'a pourtant adopté ; chez les Schyytes,
il lui a laissé toute sa roideur, toute sa sévérité
primordiale. Deux religions seulement dans le
monde l'ont absolument supprimé, et l'une et
l'autre, le bouddhisme et le christianisme, sont
deux théories de réforme. Les nossayrys, comme
elles, avec elles, par elles, ne reconnaissent pas
d'autre impureté pour l'homme, même incroyant,
que l'impureté morale provenant, non de ses opinions, mais de ses fautes. Ils n'en voient pas dans
la nature, et le chien ni le porc ne sont impurs à
leurs yeux. De même ils boivent du vin et en blâment l'abus et non pas l'usage.

Ils n'autorisent pas la polygamie. C'est un usage
musulman que plusieurs grands seigneurs nossayrys
ont adopté, il est vrai, par politique, non par relâ-
chement, mais la religion le réprouve, l'opinion
publique des sectaires les voit avec mépris, et
cette déviation de la règle est rare. En principe,
les femmes ne sont pas astreintes à la réclusion
et peuvent se montrer aux étrangers sans violer
aucun précepte; dans la pratique, tous les nossayrys
doivent passer pour musulmans, comme tels ils
sont alors contraints d'observer celle des règles
sociales à laquelle les musulmans attachent le
plus d'importance, et ils se bornent à recevoir
facilement dans leur intérieur ceux de leurs coreligionnaires qui les visitent ordinairement, sans

d'ailleurs leur être apparentés en aucune manière.
Dans les réjouissances nuptiales, ils vont plus loin
encore : ils forment des danses, des espèces de
rondes qui durent toute la nuit et auxquelles les
femmes prennent part, donnant la main aux
hommes et sans voile. Seulement, on a soin de
mettre un surveillant à la porte de la maison,
pour qu'aucun musulman ne puisse entrer. Ce fait
est très ordinaire et aussi innocent qu'en Europe.

Les nossayrys épousent facilement des filles
musulmanes. A la vérité, elles adoptent presque
immédiatement la religion de leurs époux. Cette
circonstance fait considérer de pareils mariages
comme désirables. On assure que, de leur côté, les
nossayrys ne donnent pas leurs filles à des musulmans. Ceci peut être vrai en théorie ; mais on cite-
rait cependant des exemples du contraire, surtout
dans les classes riches. Il est probable que le peuple
est plus rigide, ayant moins de tentations de violer
le précepte. Ce qui est positif, c'est que le divorce
n'est pas admis, et si, par hasard, quelqu'un usant
du bénéfice de la loi du Koran se le permet, il
tombe aussitôt dans le mépris et est considéré
comme un apostat.

Les nossayrys classent de la manière suivante
les religionnaires avec lesquels ils sont en contact,
et leurs propres fidèles : les *Ehl-è-Scheryet*, gens
de la religion légale ; les *Ehl-è-Méréfet*, gens de la
religion réfléchie ; les *Ehl-è-Terighet*, gens du progrès ; enfin les *Ehl-è-Héghighet*, gens de la religion
vraie, ou *Ehl-è-Hekk*.

Les caractères auxquels ils reconnaissent les *Ehl-è-Scheryet* sont que ceux-ci ne font pas les prières nossayrys et ne les connaissent même pas, d'ailleurs n'observant rien des obligations qu'elles prescrivent. Aussi, bien qu'on ne considère aucunement ces gens comme impurs, ainsi que je l'ai dit tout à l'heure, s'abstient-on de leur parler jamais des matières de foi, et on n'entretient avec eux que des rapports purement mondains. On a surtout en vue, sous la dénomination d'*Ehl-è-Scheryet*, les Schyytes. Cependant les juifs, les guèbres, les chrétiens eux-mêmes, sont aussi, théoriquement parlant, compris dans la même dénomination, bien qu'on n'éprouve de répulsion réelle que pour les premiers.

Les *Ehl-è-Méréfet*, dont le nom éveille l'idée de gens qui commencent à réfléchir, qui approchent plus de la vérité que les autres, sont représentés par plusieurs classes de soufys. Ces hommes ne sont pas tenus pour nossayrys, sans doute ; mais, ayant renoncé aux autres cultes, on les suppose en voie de le devenir. Par les doctrines panthéistiques qui ont conduit plusieurs d'entre eux à se considérer comme des émanations plus ou moins directes de la divinité, et qui, quelquefois, les ont exposés à de graves persécutions, et même au martyre, ils arrivent presque, en effet, à se confondre avec les nossayrys et dans les basses classes de ces derniers principalement ; un certain nombre de saints soufys sont considérés, bien qu'à tort, du même œil que les personnages réellement sacrés

de la foi. Ce résultat est assez naturel dans l'état
moral où se trouvent toutes les sectes religieuses
de la Perse depuis un temps immémorial. Aucune
n'est sans mélange ; toutes ont emprunté quelque
chose à d'autres doctrines, même à celles qu'elles
exècrent davantage ; l'islam persan est à demi
hindou, à demi guèbre ; le parsisme ne se ressemble
plus à lui-même ; rien de plus naturel donc que
de voir quelques-unes des branches innombrables
qui se partagent les soufys incliner avec force
vers le nossayrysme. Il en résulte, chez les sectateurs réels et positifs de cette dernière religion,
qu'ils se servent eux-mêmes du soufysme pour
se dérober aux inquisitions musulmanes. Si leur
dédain pour le culte, si leur oubli de la mosquée,
si les propositions malsonnantes qui peuvent leur
échapper attirent l'attention sur eux et leur font
adresser des questions embarrassantes, ils s'em-
pressent de se déclarer soufys et de traduire dans
un sens figuré, qui se plie toujours à des interprétations orthodoxes, ce qui, dans leur langage, aura
d'abord paru suspect. Et, en fait d'interprétations
et de rapprochements, il n'y a rien au monde d'in-
dulgent comme une intelligence persane.

A la faveur de cette confusion intéressée, dont
les gens habiles parmi les nossayrys sont les premiers à se rire quand ils sont en confiance, l'habitude a été prise de vanter à l'excès et de mettre en
avant, en toutes circonstances, les noms des soufys
illustres auxquels les musulmans eux-mêmes sont
accoutumés, avec beaucoup d'inconséquence, à

rendre d'éclatants hommages. Ainsi, par exemple, Djelaleddyn Roumy, l'auteur du Mesnevy ; Ferid-Eddyn-Attar, qui a écrit le Pend naméh, et surtout Baba Taher, dont les poésies en dialecte loure sont extrêmement estimées ; sa sœur, Byby Fatmèh, et le Scheykh Hémyr ; mais ce dernier, que les musulmans prennent pour un soufy, était, au fond, un véritable nossayry, et reconnu comme tel par les gens compétents.

Malgré les relations qui existent entre les *Ehl-è-Méréfet* et les nossayrys, la conscience et l'intimité de ceux-ci restent fermées à ceux-là. On les regarde avec faveur et bienveillance ; mais ils ne sont jamais admis à la participation des mystères ; on ne leur enseigne pas les prières, on ne leur indique pas le temps du jeûne, on ne leur fait pas connaître les principes de la foi.

D'un degré plus rapproché sont les *Ehl-è-térighet*, ou gens qui ont déjà progressé vers la véritable foi. Ceux-là, ce sont les Aly-Illahys proprement dits. Les Ehl-è-Hekk les considèrent d'assez bon œil, quoiqu'en réprouvant, en méprisant même ce que leur doctrine a, suivant eux, d'étroit et d'incomplet. Ils leur reprochent de s'arrêter au seuil de la vérité, et, en conséquence, les disent incapables de connaître et de comprendre leurs dogmes. Les droits et les prérogatives de la bonne croyance n'appartiennent donc ainsi qu'aux seuls *Ehl-è-heghighet*, ou gens de la religion certaine, autrement dits *Ehl-è-Hekk*, gens du vrai.

Ils se partagent en huit différentes sectes, qui

sont : les ibrahymys, les daoudys, les myrys, les
sultan-Babourys, les khamouschys, les yadigharys,
les schäh-è-eyazys, les khanétaschys. Probablement il existe d'autres subdivisions, et on va voir
tout à l'heure, par le principe fondamental de la
religion même, combien il est difficile qu'il n'y en
ait pas ; mais je n'ai jamais entendu citer que
celles-là. Il me paraît de même probable que le
nom de *khamouschy* est une expression générique
injurieuse attribuée par les musulmans aux yézydys
et transportée de ces sectaires aux nossayrys, avec
lesquels les yézydys n'ont rien de commun. C'est
l'abréviation de *tchéragh khamouschy*, les *éteigneurs
de lumières*, et ce nom leur a été donné parce que
les moullahs zélés ont répandu l'opinion parmi
leurs ouailles que les nossayrys ont l'habitude,
dans leurs assemblées nocturnes, où les hommes
et les femmes sont tous réunis, d'éteindre les
lumières et de s'accoupler au hasard, le père avec
la fille, la mère avec le fils. Cette calomnie, appliquée à bien des sectes et partout, un peu trop
violente pour ne pas être absurde, est d'ailleurs
tout à fait en contradiction avec· l'ensemble des
opinions nossayrys. Elle ne contribue pas peu à
augmenter l'aversion des Ehl-è-Hekk pour les
moullahs. Un de leurs chefs donnait un jour à un
chrétien une démonstration assez curieuse de la
fausseté de l'accusation. Sa manière d'argumenter
ne serait pas à la disposition de tout le monde. Ce
saint personnage a sept fils, qui tous, sans excep-
tion, lui ressemblent d'une manière frappante. Il

disait en les montrant : « Moins que personne je dois être soupçonné de me soustraire aux obligations de ma croyance. Si donc l'infamie dont on cherche à nous noircir était usitée chez nous, comment mes sept enfants pourraient-ils m'être si semblables ? »

En retranchant donc le nom des khamouschys, il reste sept sectes. Mais, à l'appui de ce qui a été dit, qu'il devait y en avoir davantage, on peut ajouter que le personnage cité tout à l'heure est lui-même en voie d'en former une. Par sa naissance, il est déjà vénérable aux yeux de ses coreligionnaires ; et, en outre, il a su prendre sur sa secte particulière une telle autorité, et inspirer une si haute idée de ses vertus et de son pouvoir mystique, que, de son vivant, beaucoup de gens le considèrent comme un nouveau point de départ pour une réforme de la religion antique. Il n'est pas le seul dans cette situation ; et chaque grande division de la Perse, à toutes les époques possibles, a vu et voit surgir de tels hommes, dont le souvenir s'efface plus ou moins rapidement, mais quelquefois subsiste. Les sept sectes reconnues doivent leur existence à des individualités de cette espèce.

Tous les nossayrys sont unanimes pour admettre qu'avant les temps, Dieu existait seul, dans un état d'immobilité qui n'était pas la mort, mais qui n'était pas non plus le mouvement. Cette situation, appelée *serr*, le mystère, et qui formait l'état normal de la divinité, état auquel elle retournera, n'est interrompue que par l'existence du monde.

Cette existence est purement accidentelle et transitoire. La nature animée et la nature inanimée sont des formes différentes d'émanations divines qui toutes s'évanouiront un jour, laissant dans sa nudité réelle l'irradiation qui leur donna la vie, qui est en elles la seule existence positive, et qui retournera à sa source, c'est-à-dire au dieu immobile. Autrement dit, sous différentes apparences et dans différents états, et à différents degrés de liberté sous l'enveloppe et la contrainte des formes, il n'y a pas autre chose dans l'univers que Dieu, et l'univers lui-même est Dieu. Et ce point est si net dans l'esprit des nossayrys de toutes les classes qu'un d'entre eux, peu lettré, que je raillais un jour de s'être servi de l'expression *Khodavend-è-Alem*, le maître du monde, attendit qu'il n'y eût plus de musulmans dans la chambre et me dit en levant les épaules : « C'est pour ces ânes que je parle ainsi. On sait bien qu'il n'y a pas de Dieu et qu'Allah est une sottise. »

Dieu, et on voit ce qu'ils entendent par ce mot, c'est-à-dire l'énergie primordiale que, suivant l'usage soufy, on désigne le plus ordinairement par des comparaisons, telles que *doura*, la perle ; *padschahem*, mon roi ; *khavendkâr*, le maître ; *sultan Ishak*, ou *Schah Khouschyn*, et bien d'autres ; Dieu s'étant tourné vers l'œuvre de la création, une partie de son essence y fut employée ; la matière forma les sept climats qui divisent la terre, le globe reposa sur le dos du bœuf mystique, dont les pieds s'appuyèrent sur le dos du poisson.

Ces idées, toutes indiennes, ont été également adoptées par l'islamisme. Alors une autre fraction de la nature divine, se transformant sous une nouvelle influence, donna naissance aux êtres animés.

A la tête de ceux-ci, parurent d'abord des personnages dont le caractère humain est si vague qu'on y reconnaît sans peine les bodhisattwas primitifs ou partisans de Sakya-Mouny. Ils sont placés tout près de Dieu, et la formule théologique définit ainsi les cinq individualités : Pyr Padscham ou Pyr Benyamyn, est *la loi*, la divinité pure et le *mystère* ; Pyr Daoud est le *croyant* ; Pyr Rezbar est le *communiant* ; Pyr Mousy est le *registrateur*. L'absence d'une seule de ces créatures ou de ces créations, ou, pour mieux dire, de ces émanations, aurait rendu la formation de l'univers impossible.

Les cinq puissances, ayant pris leur rôle, se mirent aussitôt à le remplir. Pyr Padscham, ou l'Essence divine non transformée, promulgua la règle du monde ; et, pour lui donner la vitalité, commença lui-même par la suivre. Il fallut que chacun, ici-bas, fût placé dans une dépendance religieuse vis-à-vis d'un personnage saint, image de la loi et source de la règle à son égard. L'Essence divine, se conformant la première à ce précepte, choisit pour *Pyr*, ou guide spirituel, Benyamyn. Il devint ce que les nossayrys appellent son recommandé, *ser-sepourdeh*, et fut ainsi, à certains égards, dans sa dépendance.

Pyr Benyamyn, le guide spirituel de l'Essence divine, son *rahber*, et l'incarnation de la loi, de la condition sous laquelle l'existence du monde est possible, fut le résumé des prescriptions religieuses de toute nature. Ces règles ont pour symbole et pour consécration un jeûne annuel de trois jours. Mais tous les nossayrys n'acceptent pas la nécessité canonique de cette pénitence. Quatre sectes seulement, les ibrahymys, les daoudys, les myrys et les sultans-babourys, s'y soumettent ; encore les daoudys se distinguent-ils des autres en avançant d'un jour l'époque du jeûne et en le rompant un jour plus tôt. Cette période expiatoire se place à l'équinoxe d'automne ; elle diffère du jeûne musulman, non seulement par sa durée, qui est infiniment moindre, mais surtout par sa sévérité. Il n'est pas permis de manger ni avant le lever du soleil, ni après son coucher, au delà de ce qui est strictement nécessaire pour soutenir les forces.

Pyr Daoud, incarnation de la foi, donna aux quatre autres manifestations divines l'énergie nécessaire pour poursuivre leur œuvre. Sans lui, l'action n'était pas possible, ni le mouvement, ni le progrès, ni le salut. Si donc l'Essence divine pure se tourna vers Pyr Benyamyn dans l'attitude de la soumission, ce fut sous l'influence de Pyr Daoud. Mais la foi envers la loi entraîne nécessairement un mode de conduite conforme à la loi. Si la foi est le mobile du mouvement, elle n'est pas le mouvement lui-même. Ce fut Pyr Rezbar qui le donna, en indiquant la route dans laquelle le croyant devait marcher et au bout de laquelle se trouvait le salut.

Les nossayrys n'admettent pas, en effet, la justification sans les œuvres ; et le caractère de celle-ci est lié étroitement à une morale rigoureuse et sévère, par ce motif que, tous les hommes, tous les êtres, toutes les choses n'étant, en réalité, et sous toutes les apparences possibles, que des émanations divines, mal agir vis-à-vis de l'homme, maltraiter les animaux, abuser des choses, c'est directement offenser la divinité, non pas, comme dans les idées chrétiennes, parce que c'est aller contre ses ordres, mais parce que c'est s'attaquer à elle positivement et lui faire la guerre, pour ainsi dire, corps à corps. Pyr Rezbar fixa donc les devoirs étroits d'une moralité rigide comme absolument inséparables de la foi. Il n'admit pas, et les nossayrys n'admettent pas qu'on puisse être un croyant en manquant à quelqu'une de ces obligations morales. Le vol, l'adultère, le mensonge sont, non pas des fautes, non pas des péchés, non pas même des crimes, mais de véritables sacrilèges, et, pour ainsi dire, des déicides. Il en résulte que la morale, chez les nossayrys, est de beaucoup la partie la plus importante de la religion ; elle est même presque tout, car la prière passe, aux yeux des Ehl-è-Hekk, pour de peu de nécessité, et le culte y est très secondaire. Si l'on se reporte aux doctrines bouddhistes de l'Inde, aux époques primitives des développements de cette foi, on trouvera presque partout le même état dogmatique.

Ce point de vue admis, la charité en est assurément l'expression la plus directe. Aimer les hommes

et les servir toujours, c'est s'aimer soi-même ; et
les nossayrys, qui donnent aux autres religionnaires le nom d'*aghyar*, *étrangers*, s'appellent entre
eux, *yar*, *amis*. Ils doivent vivre dans la concorde
et la paix. Aussi Pyr Rezbar porte-t-il communément le titre de : *préposé à l'office du pain*, et c'est
lui qui institua la communion. Cette cérémonie,
le grand point du culte, s'appelle comme le sacrifice de la messe, l'Office, *Khedmet*. Il n'y a point
d'époque régulière pour sa célébration ; mais tout
événement de quelque valeur, toute disposition
à faire acte de foi y donne lieu. Le premier Office
qui se soit accompli dans le monde le fut après
la création par les cinq premières Manifestations
Divines. Elles se réunirent, prirent un bœuf, et,
l'ayant sacrifié, en firent un repas commun.
Lorsqu'elles se trouvèrent en présence du festin
mystique, Pyr Daoud fit la prière. Après la prière,
il invita Pyr Rezbar à diviser le mets en autant
de portions qu'il y avait d'assistants ; celui-ci
obéit. Sur une seconde injonction, il remit à chacun
la part qui lui revenait. Ainsi tous mangèrent,
sous l'inspiration d'un même sentiment de frater-
nité et d'union, après avoir rendu hommage en
commun à la puissance divine dont ils étaient
émanés. L'amour mutuel qui les animait, le désir
de se plaire et la crainte de s'offenser, se manifes-
tèrent ainsi et constituèrent le premier acte louable
qu'ait vu la création. Il fut aussitôt inscrit par
Pyr Mousy, chargé de cette fonction.

A l'égard des quatre autres puissances divines,

l'emploi de Pyr Mousy ne paraît pas avoir une
grande importance. Il est peu essentiel que ne se
perde pas le souvenir des bonnes actions d'êtres
si purs qu'ils n'en peuvent guère commettre de
mauvaises que par surprise. Mais, vis-à-vis des
autres émanations qui constituent plus communément l'ensemble des êtres et des choses, cet enre-
gistrement était d'une nécessité absolue.

En effet, après les cinq grandes personnalités
célestes dont il vient d'être question, et dont l'une,
Pyr Padscham, ou l'Essence divine restée incorpo-
relle, retourna bientôt à son repos organique,
parurent les multitudes d'émanations qui constituent l'univers, chacune avec sa forme et son
apparence spéciale, et, parmi elles, les hommes.
Ceux-ci vinrent au monde pourvus de deux mo-
teurs moraux ; l'un est *ègl*, la raison, le discernement, qui ne peut que les pousser au bien ; l'autre,
est *néfès*, la concupiscence, qui les entraîne constamment vers le mal. Ils ont à écouter l'une et à
se défendre de l'autre, de sorte que, malgré la
divinité fondamentale de leur nature, ils sont
exposés à des chutes nombreuses. C'est ici que l'intervention de Pyr Mousy devient nécessaire. Il
pèse les actions des hommes et tient compte de
chacune suivant sa qualité et sa valeur.

Abandonnés à eux-mêmes, les hommes n'auraient pu garder l'équilibre entre leurs deux mo-
teurs, car la force de la concupiscence est sensi-
blement supérieure à celle du discernement. Mais
l'ordre qui présidait à l'organisation du monde

vint en aide. Les quatre émanations célestes qui,
les premières, avaient paru dans la création, et,
concurremment avec Pyr Padscham, en avaient
déterminé les lois, les observèrent de tous points,
comme Pyr Padscham avait fait lui-même, et
moururent. Mais après elles, une série d'incarnations supérieures se montrèrent sur la terre et
vinrent, d'époque en époque, renouveler le sentiment du vrai et du juste et rallier les intelligences
obscurcies autour de l'idée ravivée du devoir.
Les nossayrys déclarent qu'il y a un nombre infini
de ces apparitions d'existences réformatrices qui
ont eu lieu dans les pays les plus différents et, à
bien dire, dans toutes les contrées de la terre. Mais
ils reconnaissent aussi que, pour leur compte, ils
ont oublié ou même ignoré la majeure partie de
ces manifestations dont beaucoup, d'ailleurs, ne
les concernaient pas. Celles dont ils font mention
se ressentent du milieu dans lequel ils vivent.
Ainsi, ils reconnaissent pour des incarnations
divines Abraham, Zoroastre, Moïse, Jésus-Christ,
Aly et bien d'autres ; et, s'ils étaient en contact
ordinaire avec les Chinois, avec les Indous, avec
les protestants d'Europe, il est probable qu'ils ne
feraient aucune difficulté d'accepter aussi comme
des incarnations Confucius, Brahma, Luther et
Calvin. Cependant, ils ne se croient obligés qu'à
du respect envers la mémoire de ces dieux de passage, d'abord parce que ce n'est pas directement
pour eux-mêmes que ceux-ci sont venus, ensuite
parce que, depuis lors, d'autres se sont révélés

qui ont réellement vécu pour les croyants de la Perse. Ce sont les pyrs particuliers des sept sectes nossayrys.

On place communément l'existence de ces incarnations vers l'époque des premiers khalifes abbassides. Plusieurs ont paru en même temps. Ainsi Pyr Daoud, le dieu des daoudys, était contemporain de Pyr Ibrahym, le dieu des ibrahymys.

Voilà le grand point de la doctrine des nossayrys. Ils reconnaissent, sans nul doute, un dieu dont ils font partie eux-mêmes et auquel ils se déclarent inférieurs, comme la partie l'est au tout, mais ils ne s'adressent jamais à lui. Ce dieu-là, d'où la nature entière, les choses, les êtres sont émanés, est trop absorbé dans le résumé de toutes les conceptions qu'il représente. Il est, il existe ; il est la source de la raison suprême, bien plus, comme on va le voir, il est la fin, le but de toute la création ; mais, dans la durée de l'existence terrestre, ce ne sont que ses manifestations apparentes qui peuvent avoir quelque intérêt pour l'homme, parce que, seules, ces manifestations apparentes, en redressant l'erreur morale, en relevant l'entendement, en dirigeant d'une manière plus sûre les efforts vers le bien, exercent sur l'humanité une influence salutaire. Les nossayrys ne se préoccupent donc absolument que des pyrs, comme les gnostiques ne se préoccupaient que des éons. Les prières qu'ils adressent à ces dieux se ressentent fortement de la préoccupation des idées de moralité qui surtout les dominent. Ce sont, par le fait,

des conseils que les croyants donnent à leurs
auditeurs et se donnent à eux-mêmes sous forme
d'hommage à celui qui est venu les diriger vers
le bien. Les formules d'adoration sont rares,
brèves ; et, en effet, l'homme n'étant qu'une par-
celle de Dieu tombée, étant un dieu comme son
Pyr, comme l'essence divine pure elle-même, c'est
perdre des paroles sans nul profit et sans nul
motif valable, que de multiplier les effusions de
respect. L'utile, c'est de s'efforcer soi et les autres
d'être toujours en garde contre la concupiscence
pour empêcher la chute de devenir plus profonde,
et exciter l'entendement pour donner lieu à Pyr
Mousy d'enregistrer une somme d'actions loua-
bles qui puisse déterminer une élévation dans la
condition dégradée du dieu déchu. L'important
est d'amener ces résultats ; tout ce qui constitue
cette espèce de culte n'a d'autre but que d'activer
cette restauration de l'homme dans la pure condition divine, et c'est pourquoi ce culte n'est que
la reproduction perpétuelle de l'ordre établi, dès
le commencement du monde, entre les cinq émanations divines primordiales.

Chaque nossayry possède de naissance, ou,
lorsque c'est un converti, possède par choix un
pyr dont il est le *recommandé*, comme l'essence
divine pure a été le *sersepourdèh* de Pyr Benyamýn.
Tous les pyrs étant également des incarnations
célestes, tous sont également bons, et les règles
qu'ils ont données sont également à suivre ; par
conséquent leurs *sersepourdèh* marchent, les uns

comme les autres, dans la bonne voie. Cependant, chaque secte préfère naturellement son dieu et déclare sa doctrine plus élevée ou plus conforme aux vrais besoins de la régénération de l'homme, et quand cette doctrine est manifestement assez terre à terre, comme celle des khanétaschys, par exemple, elle est la meilleure pour ceux qui la goûtent, parce qu'elle est plus simple et suffisante. Il existe des différences semblables dans le bouddhisme, partagé en grand et petit véhicule. Des conflits graves ont éclaté souvent entre ces diverses observances. Si un nossayry s'aperçoit que les prescriptions de sa secte ne lui suffisent plus, il adopte celles d'une autre plus sévère ou plus relevée de doctrine, et cela ne constitue pas une apostasie.

Outre le Pyr ou patriarche, qui de son vivant était la règle visible et dont on suit les enseignements, chaque nossayry doit encore se fortifier par les conseils d'un contemporain que l'on appelle le *délyl*, le *motif*, la *cause déterminante*, parce que ce personnage est chargé de diriger la conduite de son disciple dans la voie droite et de l'éclairer de façon à ce qu'il ne puisse s'égarer. Par le fait, il tient la place du Pyr. Mais il semblerait que, dans les époques modernes, ces fonctions délicates ont beaucoup perdu de leur importance et se bornent à peu près à des pratiques cérémonielles. Lorsqu'un enfant vient au monde ou lorsqu'un étranger se convertit, on rassemble un certain nombre de fidèles. Le répondant de l'enfant ou

le néophyte lui-même paraît au milieu de la réunion, et se place debout devant le délyl. Celui-ci
porte à son cou un mouchoir de soie dont le présenté a dû faire les frais. Il prononce quelques
paroles sacramentelles qui admettent le néophyte
au nombre des croyants, et aussitôt celui-ci va
baiser la main de tous les assistants, en commençant par les plus éminents en dignité religieuse
et finissant par les moindres. Ensuite on fait une
prière qui, comme toujours, est un résumé de conseils moraux. La prière achevée, on s'asseoit pour
la communion.

Chaque réception produisant un mouchoir de
soie, au bout de quelque temps ces offrandes
s'accumulent. Le délyl, alors, est en droit de les
vendre, et leur produit lui appartient légitimement. Mais comme tous les délyls doivent être
issus d'une origine commune qui remonte au premier d'entre eux, Djunéyd, contemporain des pyrs
actuellement adorés, il arrive fréquemment qu'il
n'y a pas de délyl dans la localité où s'accomplit
la présentation. On obvie à cet inconvénient en
choisissant un substitut qui remplit le rit consacré
et reçoit le mouchoir au nom d'un délyl véritable.
Lorsque trop de mouchoirs se sont amassés dans
les mains de ce remplaçant, il doit également s'en
défaire et en envoyer le prix au légitime posses-
seur, au délyl dont il est le vicaire. Si cette condition n'est pas à remplir, pour un motif ou pour un
autre, le produit de la vente est appliqué à une
communion. Il est remarquable que le don des

mouchoirs joue un grand rôle au Thibet, pays essentiellement bouddhiste.

La communion est la même cérémonie qui fut accomplie aussitôt après la création par les cinq intelligences divines réunies. Tous les comestibles sont convenables ; mais l'usage qui prévaut généralement dans les circonstances importantes, c'est d'acheter un mouton, et dans les occasions moindres, du sucre candi. Quelquefois le mets présenté pour l'office, *khedmet*, est l'offrande pieuse d'un des assistants ; mais le plus souvent c'est le produit d'une collecte que les fidèles ont faite entre eux. Ce mets destiné à la communion se nomme *myaz*, offrande, comme la somme d'argent employée pour se le procurer. L'action de tuer le mouton se nomme *gourban*, le sacrifice, et s'il s'agit d'un bœuf, circonstance rare et tout à fait solennelle, *gavbourân*, la *rection* du bœuf. Le pyr, ou à son défaut un de ses descendants, se place au milieu de l'assistance réunie pour la communion. Auprès de lui est le délyl. Chez les ibrahymys et les khanétaschys, peut-être aussi dans les autres sectes, il existe une dignité héréditaire spéciale pour l'accomplissement régulier de cette cérémonie: c'est celle du *khalifeh*, chargé, sous la direction du pyr ou du délyl, de faire les parts et de les distribuer à l'assistance. Lorsque dans une assemblée il n'y a ni pyr, ni délyl, ni khalifeh, on élit, pour la circonstance, des représentants de ces émanations célestes, qui opèrent comme elles auraient fait elles-mêmes, et la communion n'en est pas moins

sanctifiante et méritoire. Mais s'il se trouve présents des descendants de ces prêtres-dieux héré-
ditaires, il va sans dire qu'ils occupent la place
et les fonctions vouées à leurs ancêtres, et, fussent-
ils en bas âge, on leur rend absolument les mêmes
honneurs. Cette règle est tellement stricte et fait
si bien abstraction de toutes circonstances acces-
soires qui pourraient passer pour dirimantes,
qu'un homme nossayry que je connais et qui,
dénué de toutes ressources, remplit un emploi
assez mesquin de domesticité, ne prend pas moins
dans les assemblées religieuses une place élevée,
parce qu'il est descendu d'un pyr ; et des personnages de considération dans le monde, des riches
auxquels il est appelé souvent à rendre les services
que sa place indique, non seulement le traitent
avec des égards marqués, en toutes rencontres,
autant que cela se peut faire sans contrevenir à
la règle du secret, mais, dans les réunions religieuses, ne s'approchent de lui qu'en lui baisant
la main. Ainsi la transmission de la particule divine
individuelle s'opère du pyr, du délyl, en second
lieu, et en troisième du khalifeh, aux descendants
de ces trois incarnations, sans emporter aucunement le même caractère de sainteté, de pureté,
mais, toutefois, dans un degré supérieur à l'état
où elle se trouve chez le commun des hommes.

Lorsque la communion va avoir lieu, le président
indique à chacun sa portion, qui lui est remise
par le personnage préposé à cet effet. Personne ne
peut cependant y toucher, avant que le chef n'ait

donné un nouveau signal, en commençant lui-
même à manger.

Il arrive, le plus ordinairement, qu'outre les
parts des assistants, on en réserve encore un certain nombre pour des absents. Dans d'autres cas,
les morceaux, se trouvant trop forts, ne peuvent
être consommés sur place. Alors, on a trois jours
devant soi, pour en assurer la remise ou la disparition. Si les trois jours sont prêts de finir sans que
le résultat légal ait été atteint, on doit donner
immédiatement ce qui reste aux membres de la
secte qui a fait l'*office*, le *khedmet*, et qui habitent
dans la localité. S'il n'y en a pas, à d'autres religionnaires nossayrys ; à leur défaut, à des aly-
illahys ; mais s'il n'y a pas non plus d'aly-illahys,
il faut rigoureusement le livrer aux chiens ou aux
animaux, jamais à des musulmans, parce que,
disent les nossayrys, si les animaux sont, dans leur
essence divine, plus éloignés qu'un homme quelconque, fût-ce un musulman, de la pureté organique, du moins ils ne sont animés d'aucun mauvais vouloir systématique contre les fidèles.

Après que les dispositions nécessaires ont été
prises pour la consommation des comestibles consacrés, le chef de l'assemblée fait une allocution
qui dure plus ou moins longtemps, suivant la
gravité de la circonstance et le degré de ferveur
des assistants. Ensuite lui ou quelque autre chante,
en s'accompagnant sur une espèce de mandoline
appelée *târ*, des poésies religieuses empruntées
presque toujours à des poètes soufys, et qu'ils

interprètent à leur manière. Il est remarquable qu'aucune de ces compositions n'existe en langue persane ; toutes sont en turc djaghatay ou azerbeïdjany, en loure, ou en kurde. Plusieurs sont assez anciennes, sans cependant, du moins quant à celles que j'ai vues, dépasser une antiquité de trois ou quatre siècles au plus.

Ici se place la question de savoir si les nossayrys ont des livres. Les musulmans affirment que non ; les nossayrys eux-mêmes déclarent qu'ils n'ont rien d'écrit que les poésies dont je viens de parler. J'ai cependant des raisons de penser que ce n'est pas la vérité. Il doit exister, au moins dans deux ou trois localités, de véritables bibliothèques qui, autant que je peux le savoir, comprennent bien une vingtaine de volumes. Quant au contenu de ces ouvrages, dont je ne saurais pourtant affirmer l'existence qu'avec beaucoup de réserve, mais dont j'ai bien des raisons d'admettre la réalité, je ne le connais pas. L'intérêt serait grand à pouvoir s'assurer du fait d'une manière décisive ; je suis très enclin à admettre que la valeur historique de ces écrits doit être considérable, soit qu'ils se rapportent à des faits matériels, soit qu'ils appartiennent à la philosophie pure. Le principal de ces livres porte, dit-on, le nom de *Ketab-è-Sendjenâr*, le Livre de Sendjenâr, ou encore de *Ketab-è-Tchehar-Melek*, Livre des Quatre Rois. Ce que l'on m'en a dit paraît rapprocher si bien la doctrine des Ehl-è-Hekk des idées fondamentales du bouddhisme indien, que je n'ose reproduire ces détails, craignant que la façon dont j'ai interrogé n'ait dicté les réponses, ce qui arrive souvent en Perse. Par exemple, les noms des quatre manifestations primitives actives, Pyr Benyamyn, Pyr Rezbar, Pyr Daoud et Pyr Mousy, seraient de faux noms, ce qui est, en soi, très vraisemblable, et il faudrait mettre à la place des noms de Bouddhas connus par les livres de l'Inde. Je n'ose pas accepter ce fait pour très authentique, cependant il est possible. Mais voici un autre détail assurément digne d'être relevé : ces livres seraient écrits en kurde, le kurde serait considéré comme la langue sacrée. Cependant, comme le kurde des environs de Kirmanschah (et c'est de ce dialecte qu'il s'agit ici) a beaucoup de rapports avec l'ancienne forme du persan que l'on appelle *lekhy* et que les Guèbres emploient encore entre eux, il est probable que cette langue sacrée est du lekhy, fait qu'il serait encore très intéressant de rechercher et qui donnerait, s'il se vérifiait, l'âge exact de l'introduction du nossayrysme en Perse.

Les mouchoirs de soie offerts aux délyls ou à leurs représentants, à l'occasion du *khedmet*, ne sont pas la seule redevance que les fidèles payent à leurs supérieurs religieux. Il est aussi établi que chaque croyant doit donner, par an, sept schahys et demi, à peu près dix sous pour les pyrs. Cet argent, appelé *myaz*, est remis aux descendants de ces personnages, que l'on appelle *pyrzadehs*, du pyr, ou, à l'imitation des musulmans, *séyds*. Les séyds vivent jusqu'à un certain point de ces aumônes, qui leur permettent de consacrer une partie de leur temps aux fonctions pieuses.

Ainsi armés de moyens de sanctification et entouré de guides spirituels qui doivent venir au secours de sa faiblesse, l'empêcher de s'égarer, le nossayry n'est pas encore censé avoir tout ce qu'il faut pour lutter contre les instigations de la concupiscence. Sa religion lui impose de se choisir un frère, *burader*, ou, si c'est une femme, une sœur, *khaher*. Avec lui ou avec elle se partage le mérite ou le démérite de toutes ses actions. Serait-on le pire des hommes, si l'on a eu le bonheur de s'associer à un personnage vraiment saint, il est possible que, par tel ou tel arrangement, on fasse plus de progrès vers le salut que si l'on était soi-même dans les limites du devoir. D'ailleurs, le frère doit compter en toute occasion sur l'appui de son frère. Il vit dans son intimité et est en droit de le réprimander, lui, sa femme et ses enfants, toutes les fois qu'il le juge nécessaire, y aurait-il entre eux, au point de vue social, une grande différence de rang. En général, ces adoptions ont beaucoup d'influence sur la vie et les actions des nossayrys. Elles sont l'objet d'un profond respect, et ce lien créé par la religion est tenu pour au moins aussi sacré que celui de la nature. Il existe de même, dit-on, des associations fraternelles d'homme à femme. Ces adoptions sont les plus sacrées de toutes. Pour l'intérêt de la sœur ou du frère adoptif on doit quitter sa femme ou son mari, ses enfants et ses parents. Des rapports trop intimes, intervenant dans un tel lien, sont considérés comme plus criminels encore que l'inceste. En général, ces sortes d'unions ne se contractent pas sans de mûres réflexions et sans l'avis du séyd, sous la direction spirituelle duquel on est plus particulièrement placé. Comme on le consulte dans toutes les affaires un peu graves, et surtout dans ce qui touche à la vie morale, à plus forte raison un homme a-t-il besoin de ses conseils lorsqu'il veut choisir une sœur, ou une femme lorsqu'elle prétend se donner un frère. Le séyd, avant d'exprimer une opinion, a toujours soin de s'enquérir de l'âge respectif des deux personnes qui se recherchent. Pour un jeune homme, il faut que la femme soit âgée ; pour un vieillard, autant que possible, une jeune fille convient. L'expérience et la froideur de tête de l'un doivent suppléer à ce qui manque à l'autre sous ces rapports. Ensuite, il est à propos que le directeur connaisse les caractères qui veulent se rapprocher. A un homme léger d'esprit, il ne recommandera pas l'union avec une femme d'humeur semblable. Enfin, quand il a donné son consentement, on fait comparaître les deux parties dans une réunion où l'on communie et désormais ils sont frère et sœur. Les nossayrys prétendent que ce lien a une influence très heureuse, dans la plupart des cas, sur la moralité de ceux qui l'ont contracté. Cependant, quelque soin que l'on prenne pour en maintenir la pureté, il arrive parfois des excès d'abandon et de tendresse qui passent les bornes prescrites. Il y a peu de temps, un jeune homme des environs de Téhéran avait choisi pour sœur une femme d'une quarantaine d'années, ce qui est beaucoup en Asie. A force de vivre dans son intimité, il prit pour elle une passion violente. Il chercha à la lui faire partager ; voyant que ses efforts n'aboutissaient qu'à des remontrances, il employa la force. Elle se plaignit. Le coupable prit la fuite ; mais, signalé à tous les gens de la religion, il fut atteint dans le sud de la Perse et mis à mort. Les nossayrys prétendent que, si l'on n'usait pas des moyens les plus extrêmes pour maintenir intacte la pureté des unions fraternelles volontaires entre hommes et femmes, la religion perdrait un de ses plus puissants moyens de perfectionnement. On trouvera assurément remarquable une institution de ce genre en Asie. Telles sont les principales sauvegardes dont la moralité de chaque nossayry est entourée.

Cependant, malgré tant de précautions, tant de soins, tant de surveillance, le nossayry est homme ; il lui arrive de succomber, absolument comme aux sectateurs de toutes les autres religions, pour parfaites qu'elles soient. Mais, de même que ces dernières, la foi des Ehl-è-Hekk annonce au coupable l'inévitable châtiment. Si ses fautes ont été médiocres, il renaît sous la forme humaine, mais dans une condition plus ou moins misérable. Toutes les peines qu'il endure sont des conséquences de sa vie antérieure ou bien des nouvelles erreurs dans lesquelles il s'engage. S'il a commis des crimes

énormes, il revient les expier dans des conditions
odieuses, comme reptile, comme insecte, comme
bête de proie vouée à une existence tourmentée
et sans repos. Mais ce châtiment n'est pas, à proprement parler, une vengeance : c'est une purification indispensable. Plus dure est sa vie, plus
énergique est la correction, plus certaine et plus
complète est alors la purification. La nature la
plus rebelle, celle à laquelle le *néfès*, la concupiscence s'est le plus fortement attachée, parcourt
ainsi un cercle de mille et une existences, et, au
bout de ce temps, elle est inévitablement débar-
rassée de toutes ses souillures. C'est la plus longue
expiation que l'homme-Dieu puisse subir dans les
plus mauvaises conditions possibles. Mais il n'est
pas nécessaire ni inévitable qu'il traverse une si
longue série d'épreuves : c'est là que l'observation de la règle, en fournissant aux registres de
Pyr Mousy un maximum de bonnes actions, con-
court efficacement à la délivrance de l'étincelle
divine. La créature qui, sous quelque forme que
ce soit, observe les lois fixées par Pyr Padscham,
arrive beaucoup plus rapidement que les autres
au sommet de l'échelle ascendante des existences.
Elle fait bien moins de pas en arrière. De degrés
en degrés, de naissance en naissance, elle s'élève
bientôt jusqu'au rang des pyrs, des dieux mortels,
et parvenue à ce point, lorsque l'âme abandonne
sa forme corporelle, elle retourne au foyer céleste
d'où au jour de la création elle était émanée. Dès
lors, elle ne s'en sépare plus. Elle est Dieu, comme

avant d'avoir commencé la série et l'enchaîne-
ment de ses incarnations. Elle n'est pas Dieu
individuellement, parce que l'idée de Dieu repousse
toute idée de fractionnement et de fini. Elle est
Dieu dans son immensité incalculable. A la fin
des temps, lorsque les dernières existences, les
plus récalcitrantes, auront achevé leurs purifi-
cations, tout ce qui n'est que forme disparaîtra,
et l'éternité, suivant toutes ses conditions d'am-
plitude, régnera seule. C'est ce moment, qu'en
empruntant d'une manière inexacte l'expression
musulmane de Rouz-è-Djéza, le jour du jugement,
le jour de la distinction des bons et des mauvais,
les nossayrys considèrent comme la fin des siècles.

Plusieurs saints personnages nossayrys ont porté
témoignage de la réalité des existences successives.
Scheykh Hémyr affirmait qu'il avait gardé la
mémoire de quelques-uns des états antérieurs traversés par lui. Entre autres, il se souvenait d'avoir
été fabricant de nattes de paille.

Comme tous les hommes pris ensemble ne sont
qu'une fraction de la nature divine, tous les
hommes sont solidaires. C'est pourquoi le nossayrysme a inventé tant de moyens de diriger
la vie de l'individu. Mais les frères et sœurs d'adop-
tion qui influent sur lui dans la vie intime et passent à son compte une part de leurs bonnes œuvres,
mais les assemblées de communion qui entretiennent chez lui la ferveur, mais les séyds, les khalifehs
et leurs représentants qui surveillent la pureté de
sa foi, toute cette conception serait incomplète, il

lui manquerait un régulateur indispensable, s'il
n'avait pas une direction suprême, et c'est à quoi
l'organisation religieuse a veillé. Dans une des
villes du sud de la Perse réside actuellement un
personnage qui concentre entre ses mains l'autorité supérieure en matière spirituelle, qui sait et
dit ce qu'il faut croire et ce qu'il faut faire. Son
action s'exerce par l'intermédiaire des missionnaires qu'il envoie une fois l'an dans tous les
lieux où il y a des fidèles. Ces délégués apportent
aux séyds de chaque localité une sorte de lettre
pastorale qui contient des instructions et des en-
couragements. Il paraît que la dignité de chef
suprême de la religion n'est pas le partage exclusif
des descendants des pyrs, et que le premier croyant
venu peut y parvenir. Mais comment l'élection
a-t-elle lieu ? c'est ce que j'ignore ; j'ignore aussi
quels sont les électeurs. Ce que je puis affirmer,
c'est que j'ai vu les ordres d'un chef spirituel de
district exécutés par ses ouailles à près d'un mois
de marche de sa résidence, et cet homme, vénéré
comme un saint par ses coreligionnaires, était un
des êtres les meilleurs, les plus honorables, les
plus modestes et les plus doux que j'aie jamais
connus.

Avec ce profond mépris pour la matière qui les
anime, avec leur persuasion que cette matière n'est
autre chose que l'impureté, qu'elle seule met obstacle à l'apothéose instantanée du Dieu complet,
il n'est pas tout à fait rationnel de voir les nossayrys pousser à l'extrême le culte des reliques.

C'est cependant ce qui a lieu. On conserve en différents endroits des objets ayant appartenu à des pyrs, et ces témoins de l'existence de personnages si vénérés inspirent un grand respect. J'ai connaissance, entre autres, d'un tapis et d'un bonnet honorés d'une ferveur extrême. On les visite avec dévotion, et chacun d'eux a sa légende. On en a obtenu des miracles à différentes reprises. Mais autant que j'ai pu m'en assurer, les fidèles ne regardent pas ces objets comme pouvant à eux seuls produire des effets contraires à l'ordre ordinaire de la nature ; il faut encore que la puissance latente qui existe en eux soit mise en mouvement par la sainteté de celui qui l'invoque. On raconte ainsi qu'il y a peu d'années un saint très vénéré dans toute la Perse a pu contenir une inondation et faire rentrer un fleuve dans ses limites, en étendant le tapis dont j'ai parlé plus haut sur les flots débordés et en s'asseyant dessus. Il fut porté quelque temps ainsi sur la face des ondes, puis tout s'apaisa et rentra dans le repos. Le bonnet n'accomplit pas des prodiges moins étonnants. Posé par un saint sur la tête d'un homme qui vient d'expirer, il rappelle immédiatement le mort à la vie. Je n'ai jamais entendu parler des restes mortels de pyrs ou d'autres personnages révérés que l'on ait conservés de la même façon. Cependant il me paraît difficile qu'il n'y ait pas, dans l'immense quantité de tombeaux de saints qui couvrent la Perse et appellent constamment les pèlerinages, quelques sanctuaires visités par les schyytes, sur

la foi des on dit, dont l'origine ne soit plutôt due
au nossayrysme. C'est une difficile question et
un thème éternel de plaisanteries, que les doutes
attachés à un grand nombre de sépultures dont
personne au monde ne peut dire quel est le saint
qui y a été inhumé, ni d'où il venait, ni ce qu'il a
fait, ni même très sûrement comment il s'appelait.
Cette circonstance, qui semble importante au
premier abord, n'arrête cependant pas les dévots,
qui ont mille raisons pour aimer les pèlerinages.
Je ne doute pas qu'à la faveur de ce goût général
poussé si loin, les nossayrys, sans trop se découvrir,
aient pu avoir aussi leurs lieux de dévotion.

Des miracles opérés par les reliques des saints à
la thaumaturgie, il n'y a qu'un pas, et les nossayrys
le franchissent. Tout le monde en Perse, et les
musulmans comme les autres, racontent avec foi
les faits que je vais rapporter. A Kirmanschah, à
Sana surtout, il existe des séyds ou descendants
des pyrs, sur lesquels le feu n'a pas de puissance.
On allume au milieu d'une chambre un vaste
brasier, et, tandis qu'un musicien joue du târ
ou du petit tambour appelé *dombeck*, le nossayry
s'approche du foyer enflammé. Il commence à
s'agiter, à s'exalter, il élève les bras et les yeux
vers le ciel avec des contorsions violentes ; puis,
quand il est tout à fait surexcité et que la sueur
lui coule sur le visage et sur tout le corps, il saisit
un charbon ardent et le place dans sa bouche, en
soufflant de façon que les flammes lui sortent par
le nez ; il n'en éprouve aucun mal. Puis il s'assied

au milieu du feu ; les flammes montent le long de
sa barbe et la caressent sans l'entamer. Il est au
milieu de l'incendie, et sa robe ne brûle pas ; enfin
il se couche sur la braise et il n'en éprouve aucune
atteinte. D'autres descendent dans un four de
boulanger en pleine ignition, y restent autant de
temps qu'ils le jugent convenable, et en sortent
sans accident.

Ce que ces séyds peuvent à l'égard du feu,
d'autres le pratiquent à l'égard de l'air. Ils peuvent se précipiter, eux, leurs enfants et leurs
femmes, du haut des rochers, sans que la chute
leur cause aucune douleur, de quelque élévation
qu'ils soient tombés. Non seulement, je le répète,
des nossayrys m'ont affirmé tous ces faits avec
une foi profonde, mais des musulmans aussi ont
prétendu en avoir été témoins et ne pouvoir se
les expliquer. Cependant on trouve des incrédules
même parmi les fidèles, et j'ai entendu des Ehl-è-
Hekk très dévoués à leur religion, qualifier de
charlatanisme beaucoup de miracles de cette
espèce.

Voici, du reste, comment un pyrzadeh, ou des-
cendant d'un pyr, s'y est pris pour m'expliquer des
choses si extraordinaires : « Puisque, dit-il, dans
la nature tout est Dieu, tout aussi recèle, d'une
manière latente à la vérité, mais certaine, la plénitude de l'omnipotence. Pour la faire apparaître
et la mettre en œuvre, il suffit de la foi ; et plus
la foi sera intense et complète, plus les effets
obtenus seront merveilleux. Ce n'est pas seule-

ment du feu ou de l'air que l'on peut tirer des
prodiges, mais des objets en apparence les plus
méprisables. Si l'on veut contraindre quoi que ce
soit à mettre sa vertu intérieure en action, il
suffit d'y appliquer l'instrument irrésistible de la
foi, et alors rien n'est impossible. » Telles sont, dans
leur ensemble, les idées des nossayrys.

Pour ma part, je n'hésite pas à penser que cette
doctrine a de grands points communs avec le
bouddhisme. Tout semble prouver qu'elle existe
en Perse depuis le temps des rois Arsacides et
qu'elle y avait été apportée par des missionnaires
venus de l'Inde. Elle devait y être fortement
établie lors de l'avènement des Sassanides, au
iiie siècle de l'ère chrétienne. Elle a eu l'influence
la plus directe et la plus marquée sur l'école
d'Alexandrie, et ensuite sur la formation des premières sectes chrétiennes orientales. Elle a donné
et emprunté au gnosticisme et au manichéisme.
Si les Mobeds avaient été impuissants à la détruire,
ils avaient pu du moins la contraindre à se cacher, et elle s'habitua à ce régime. L'islamisme la
trouva dans cette situation et ne put rien sur elle.

A en croire les intéressés, leur nombre est incalculable. Ils commencent par poser en principe,
quand ils discutent, que leur religion, étant de sa
nature univérselle, a toujours existé, et qu'à
l'heure actuelle des milliers de fidèles la pratiquent,
sous différents noms, dans toutes les contrées de
la terre. C'est en partant de pareilles données
qu'ils se laissent aller volontiers à dire que, malgré

quelques apparences contraires, les chrétiens sont,
au fond, des nossayrys, puisqu'ils admettent la
doctrine de l'incarnation divine, la nécessité rigoureuse de la morale, et la pureté légale de tous les
êtres, indépendamment du péché.

Ensuite, ils calculent que les princes de la maison
d'Osman et la plupart de leurs sujets ne sont
sunnites que de nom, mais qu'en réalité ils appartiennent à leur foi : car ils sont venus de Perse,
et en Perse leurs ancêtres étaient nossayrys. Bien
qu'en effet, nombre d'habitants de l'Asie Mineure
méritent ce titre, l'assertion n'en paraît pas moins
fort aventurée lorsqu'elle est présentée d'une manière si générale.

Les mêmes autorités déclarent que, dans le
Turkestan, les nossayrys abondent et que tous les
Hazarêhs et les Eymaks, tribus mongoles de l'Afghanistan, sont également à compter dans la même
catégorie. Il y a de fortes raisons de croire que cette
supposition est très exagérée.

Mais à ne s'arrêter qu'aux nossayrys incontes-
tables, à ceux de la Perse, il n'est pas douteux
que, dans les villes, dans les campagnes, dans le
désert, en prenant ce qui habite des demeures
fixes et ce qui vit sous les tentes, à tout le moins
deux cinquièmes de la population totale de l'empire ne soient nossayrys, et ce sont précisément
les tribus les plus belliqueuses, les hommes du
Kurdistan et les nomades turques du Nord, qui
ont le plus d'attachement à ces doctrines. Aussi
inspirèrent-ils constamment une très grande

crainte au pouvoir politique, et ils s'abstiennent
traditionnellement d'afficher leurs croyances, le
gouvernement et les moullahs évitent aussi, de
leur côté, toutes les occasions d'entrer en conflit
avec eux. C'est ainsi qu'à Téhéran, pendant le
Ramazan, où un musulman ne pourrait, sans
s'exposer à des châtiments sévères, essayer de
rompre le jeûne, on ferme les yeux sur les infrac-
tions continuelles et quelquefois publiques des
nossayrys à cette règle. Le jour où la Perse serait
placée sous une administration peu favorable à
l'islamisme, on verrait naître de cette prépondé-
rance foncière d'une religion si hostile aux règles
du Prophète les résultats les plus inattendus.

C'est probablement aussi à la présence de cette
doctrine qu'il faut attribuer ce phénomène remarquable qu'il n'y a pas de chrétiens persans. Il
n'est pas impossible que la plupart des chrétiens,
qui, dans les premiers siècles de l'Église, paraissent
avoir été nombreux dans le pays, aient appartenu
à des sectes gnostiques ; ils se seront fondus assez
facilement parmi les nossayrys. En fait de chrétiens, il n'y a que des étrangers ; des Arméniens
à Djoulfa, à Téhéran, à Tebryz ; des Chaldéens
aux bords du lac d'Ourmyah, des Nestoriens du
côté de Sana, sur la frontière turque.

Je termine cette revue des religions de la Perse
par les guèbres.

De tout-puissants qu'ils étaient sous les Sassanides, trop puissants même, ils devinrent sous les
Arabes et les premières dynasties turques des

subordonnés redoutés et redoutables. On eut grand'peine à les abattre. Les populations agricoles restèrent guèbres très longtemps. Elles s'appuyaient sur l'ancienne noblesse territoriale appelée les *Dekkans*, gens à la fois très fiers de leurs généalogies, instruits dans les annales du passé et habitués à la guerre. Elles avaient aussi des alliés assez forts dans quelques grands feudataires établis au milieu des montagnes du Nord, et qui, jusqu'au XIe siècle de notre ère, conservèrent leur culte. Enfin ce qui les servit surtout, ce fut la politique des premières dynasties, rivales du khalifat. Celles-ci, se formant comme une réaction contre la conquête arabe, s'appuyèrent, quoique musulmanes, sur le sentiment national. Elles s'efforcèrent de ranimer tout ce qui en restait ; elles payèrent des historiens et des poètes pour parler aux peuples de leur histoire. Ainsi, tout en prétendant à une foi vive dans la religion de Mahomet, elles relèvent indirectement le magisme. Ce ne fut donc pas, à proprement parler, la persécution religieuse qui nuisit à cette foi, ce furent les circonstances politiques.

L'invasion des Mongols, puis ensuite celle des Tartares, troublèrent profondément la constitution de la propriété en Perse. Les possesseurs du sol étaient musulmans et ils furent ruinés ; ils se virent remplacés par des musulmans comme eux, mais les Dekkans guèbres dépouillés par le malheur des temps durent céder la place à d'autres qu'à des coreligionnaires. Une fois réduits à la misère,

ils tombèrent dans la classe des agriculteurs infimes et cessèrent d'être la partie instruite et savante de la société. Les poètes des xie et xiie siècles avaient parlé d'eux avec admiration et respect.
Désormais on ne les cita plus que pour leurs superstitions puériles. Une disposition spéciale du Koran
leur fit alors beaucoup de mal. Il est dit, dans
cette loi, que tout membre d'une famille infidèle
qui se fait musulman hérite des biens vacants
dans la famille au préjudice des autres ayants
droit. Il arriva donc que, dans le déclin intellectuel, il se produisit beaucoup d'apostats, et comme
les propriétés des guèbres étaient généralement
territoriales, la presque totalité des gens restés
fidèles à leur religion se trouva ruinée irrémissi-
blement par ses proches. On opprima dès lors tous
les guèbres, non pas tant comme infidèles que
comme indigents.

Cependant ces religionnaires comptaient encore
trois cent mille chefs de famille au siècle dernier.
La longue anarchie, les guerres interminables qui
eurent lieu à cette époque, leur nuisirent beaucoup. Abandonnés de tout le monde, sans prêtres
pour se conduire, sans livres pour s'éclairer, offrant
ce triste spectacle d'hommes qui ignorent leurs
dogmes les plus essentiels ; en grande partie, ils
apostasièrent pour sortir d'une si profonde abjec-
tion. Les plus obstinés seuls persistèrent. Sous
Feth-Aly-Schah on en comptait encore soixante
mille. Enfin, aujourd'hui, sans avoir eu positivement à souffrir de nouvelles attaques, mais seu-

lement minés par la force des choses, ils sont tombés au nombre de huit mille ainsi distribués dans les provinces :

	Hommes.	Garçons.	Femmes.	Filles.
A Yezd	289	373	412	305
A Mouryabad	115	155	142	109
Nevymabad	18	17	23	24
Sur les terres de Hadjy-Aboul-kassem-Reschky.	33	64	37	38
Kheremschah	144	234	335	154
Koutjek-Biyouk.	92	103	118	104
Nasserabad et les environs.	90	130	117	102
Ahcrestân.	87	112	103	79
Khayrabâd.	40	65	55	49
Rehmet-Abâd	8	6	8	1
Sur les terres de Hadjy-Séyd-Myrza	2	8	3	1
Wehnu	4	5	6	4
Zeyn-Abâd	49	70	57	53
Tschesem.	32	52	47	32
Mohammed-Abâd	14	23	15	12
Husseïn-Abâd	46	62	53	54
Djefèr-Abâd	47	60	50	54
Teffet	90	131	121	110
Refih-Abâd	3	10	4	6
Sur les terres du Kalanter.	28	39	33	28
Scheref-Abâd, Ahmed-Abâd (réunis).	69	68	87	48
Kerman	178	189	239	219

Ce tableau m'a paru intéressant à conserver et à citer ici, d'abord parce que c'est un fait qui ne peut laisser tout à fait indifférent, que de voir dans un détail si exact et si minutieux où en sont les derniers restes d'une religion antique, jadis

inspiratrice de si grandes choses ; ensuite parce
que le document que je transcris est asiatique
et dû à un véritable dévouement. Il est l'œuvre
d'un savant parsy de Bombay, venu dans l'Iran
pour rechercher, voir et consoler ses derniers coreligionnaires, et autant que possible, pour améliorer
leur situation. Manukdjy-Lymdjy-Sahab a accompli cette œuvre de charité avec un zèle et une
intelligence qui l'honorent au plus haut degré,
et sa race avec lui. Il a parcouru toute la Perse, il
est descendu dans les plus petits villages, jusque
dans les derniers hameaux. Il a vu tout son monde.
Il l'a compté, il l'a soutenu, relevé, il a cherché
et, à l'heure qu'il est, il cherche à le tirer de son
abaissement. J'avoue que je m'arrête avec plaisir
au tableau de cette charité, qui vaut la peine
d'être remarquée, et le missionnaire parsy n'est
pas le seul à en avoir le mérite. Il agit comme
représentant et mandataire de tous ces négociants
dont j'ai parlé dans les débuts de ce livre et qui
donnent volontiers pour une pareille œuvre tout
l'argent nécessaire. Et ces gens-là ne s'occupent pas de savoir si les journaux parleront
d'eux.

Manukdjy-Lymdjy-Sahab a entrepris une tâche
au-dessus des forces humaines. Il n'y a rien à
faire, à moins d'un miracle, pour sauver les guèbres. J'ai dit qu'ils ne connaissaient pas leur religion, il est presque incroyable à quel point ce fait
est vrai. Les quelques individus qu'ils appellent
leurs mobeds peuvent lire l'écriture sacrée de

l'Avesta, mais aucun d'eux n'en comprend la
langue, de sorte qu'ils en ignorent les préceptes
et sont incapables, par conséquent, de les enseigner
à leurs fidèles. Tout ce qu'ils ont retenu traditionnellement s'applique à des théories de purification
d'une valeur très médiocre, et le fond même de
la foi leur est devenu tellement étranger, qu'ils
n'hésitent plus à déposer leurs morts sur la terre
nue, sacrilège insupportable au sentiment de leurs
ancêtres. Ils sont fort occupés aussi de savoir si
l'on peut manger de la chair. Les uns l'affirment, les
autres le nient ; quelques-uns prétendent qu'on le
peut, pourvu qu'on n'ait pas soi-même tué l'animal.
Chaque jour des apostasies continuent à avoir lieu
dans les rangs clairsemés de ces pauvres gens.
Dans ce triste état, les malheureux descendants
des contemporains de Darius et d'Artaxerce ne
savent se soutenir qu'en imaginant les plus folles
rêveries. Imitant le goût général de la nation pour
les religions secrètes et voulant se donner une couverture d'apparence musulmane, ils ont prétendu
que Zoroastre n'était autre qu'Abraham, et
qu'ainsi l'Avesta était un livre révélé par l'ange
Gabriel, comme les autres livres sacrés admis par
les musulmans. Ils ont aussi cherché à se couvrir
d'une soi-disant lettre de protection émanée d'Aly ;
mais ce document est si mal fabriqué qu'il n'a pas
été possible un seul jour à cette fraude maladroite
de s'établir.

Malgré tout, cette religion en elle-même est très
noble, très élevée, très pure, et montre encore

certains côtés dignes d'elle. Je ne répéterai pas ce
que je viens de dire de la grande action de charité
de Manukdjy-Lymdjy-Sahab et de la généreuse
participation des marchands de Bombay à un tel
acte. Mais je puis rappeler que les parsys de l'Inde
sont originairement des guèbres émigrés de Perse ;
qu'ils arrivèrent dans leur nouvelle patrie en fugi-
tifs, et qu'aujourd'hui ils prétendent compter
deux millions de sectateurs. L'étude éteinte chez
leurs coreligionnaires de Perse a subi également
chez eux d'assez longues éclipses, et de même
qu'en ce moment les livres sont si rares à Yezd,
à Kerman, qu'on y chercherait vainement un
Avesta complet, de même aussi les guèbres du
Guzerate eurent des époques où les connaissances
les plus nécessaires, où les livres les plus indispensables leur faisaient faute. Aujourd'hui, ils les
ont, et l'étude recommence à fleurir parmi eux
d'une manière qui n'est pas à mépriser. Le premier
résultat en est de repousser dans l'ombre deux
choses très honorées jusqu'ici : l'influence des
mobeds, purement tournés à l'observance judaïque
de la partie cérémonielle du culte, et le livre appelé
Boundehesch, amas de rêveries absurdes en effet
et tout à fait contraires au véritable esprit du
magisme. Les parsys éclairés vont si loin dans leur
haine pour cette inepte composition qu'ils la déclarent inventée par leurs ennemis pour les décrier,
ou bien composée par les Mazdakites à l'usage de
cette secte abominable. Ce que l'on doit avouer
cependant, c'est que la tendance moderne des

parsys de Bombay est un peu trop rationaliste pour une aussi vieille religion.

En Perse, les éloges qu'on peut faire du parsysme ne s'adressent pas à l'intelligence, mais au cœur. C'est un point de foi, qu'un prophète appelé Péchouten doit venir bientôt et rendre à l'Iran, avec son ancienne religion, son ancien éclat. J'ai entendu à ce sujet des conversations infinies. Tous les guèbres attendent Péchouten. La question est de savoir l'époque de son avènement ; quant au point de l'horizon par lequel il doit pénétrer dans l'Iran avec une nombreuse armée, on le connaît, c'est l'Inde. En ce moment, la plupart des guèbres penchent à croire que l'armée bénie sera composée d'Européens ; mais quels Européens ? Voilà le mystère. Les uns disent que ce sont les Anglais ; les autres parient, au contraire, pour les Russes. L'embarras est grand. En attendant, un guèbre de Yezd crut savoir, il y a quelque temps, et savoir par démonstration positive, que Péchouten et son armée étaient déjà en route et allaient pénétrer dans l'Afghanistan. Il était, comme on peut le croire, fort agité et dans une grande attente, lorsqu'il lui passa par l'esprit que, venant de l'étranger, les guerriers élus n'avaient pas pu, vraisemblablement, se munir de kostys ; c'est le nom de la ceinture sacrée que doivent porter tous les hommes de la loi pure. Or, de voir arriver les libérateurs sans ce signe essentiel, c'était de quoi tout gâter. Pour prévenir des malheurs imminents, le pauvre homme vendit tout ce qu'il possédait,

fit fabriquer douze mille kostys, loua des chameaux,
les chargea de ses offrandes et prit le chemin de
l'Afghanistan tout seul, jugeant l'affaire trop pres-
sante pour attendre une caravane. On n'en a
jamais eu de nouvelles. Il est probable que quelque
bande de pillards, devançant Péchouten et son
armée, se sera accommodée des chameaux et de
leurs charges.

Un de mes amis, guèbre, et connu pour tel,
traversait un jour une petite rue détournée d'Ispahan. La rue était déserte, et il cheminait tranquillement entre les ruines, quand il s'entendit
appeler. Il se retourna et vit une vieille femme
qui, d'un air mystérieux et suppliant, lui faisait
signe d'entrer chez elle. Il s'approcha en lui demandant ce qu'elle voulait. Elle le pria de s'asseoir
un instant dans sa maison ; lorsqu'il y eut consenti,
elle s'empressa de lui présenter du thé et des fruits.
Tandis qu'il mangeait, elle le regardait en soupi-
rant ; bientôt ses yeux se remplirent de larmes
et elle éclata en sanglots. Très surpris, mon ami
lui demanda ce qu'elle avait : « Hélas ! dit-elle,
j'ai désiré vous posséder un instant chez moi,
parce que je sais que vous professez une religion
excellente, qui était celle de mes aïeux. Autrefois,
il y a bien longtemps, mon père pleurait aussi au
souvenir de cette loi pure, qu'il ne connaissait
que de nom. Et moi, comme lui, je ne me doute
pas de ce que vous croyez ; mais je suis bien sûre
que c'est meilleur que l'islam. »

Dans certaines villes de Perse, il est des familles

où, quand il meurt un homme, on ferme toutes
les portes et on prend soin qu'aucun indiscret ne
puisse approcher. Puis l'on allume un réchaud
auprès de la couche funèbre, et on y jette des
parfums. Quand la fumée s'élève, on passe plusieurs fois au travers un livre précieux caché à
tous les yeux, sauf en ces occasions. Ce livre, qui
n'est plus quelquefois composé que de quelques
feuillets épars, c'est l'Avesta ou un débris de
l'Avesta. Personne dans l'assistance n'est en état
de le lire ni même ne sait ce que c'est. On ne regarde pas moins cette mystérieuse relique comme
étant tout ce qu'il y a de plus sacré au monde.
La cérémonie terminée, on fait le reste à la musulmane.

Voilà tout ce qui survit du magisme en Perse.
On en pourrait encore trouver des traces dans le
respect que l'on porte à l'astrologie. Que dis-je ?
Le schyysme lui-même est plein de sentiments,
d'idées, de prescriptions empruntées au magisme.
C'est du magisme que vient cette doctrine de l'impureté légale des infidèles et de certains animaux,
poussée beaucoup plus loin et plus systématique-
ment étendue que chez les Sunnites. De sorte que,
quand la doctrine de Zoroastre sera morte pour les
Iraniens, on pourra dire en toute vérité qu'elle
persistera encore dans tous ses points essentiels,
au sein des doctrines rivales. Mais enfin, comme
corps dogmatique, elle est assurément bien malade.

J'ai tracé aussi rapidement que possible, et
seulement à grands traits, le tableau du désordre

des croyances, de leurs amalgames bizarres, de
leur caducité, de leurs défaillances, tel qu'il existe
en Perse. Certains esprits en pourront conclure
que le moment n'est pas loin où le christianisme
pénétrant dans ce chaos, mettant à profit toutes
les lassitudes, pourra s'asseoir triomphant sur un
trône dominateur qu'aucun des cultes indigènes
n'occupera plus désormais. En mettant à part
ce qu'on peut supposer des volontés divines, et à
raisonner seulement sur les probabilités humaines,
le spectacle que j'ai vu et que j'ai voulu rendre
m'a mille fois inspiré la réflexion contraire. Il me
semble difficile qu'on ramène jamais à une religion
saine, positive, définie, toutes ces imaginations
blasées. Je crois que, si le christianisme n'avait
eu pour se fonder et pour vivre que les populations
de l'empire romain, il aurait été bien à plaindre
et serait venu trop tard. Ce sont les consciences
actives et juvéniles des barbares qui ont soutenu
le catholicisme et tué dans l'Occident l'hérésie
qui foisonna tout d'abord et pour toujours dans
ce monde oriental. Des esprits habitués à des va-
riations continuelles, façonnés au doute, et qui
voient sans cesse étalé l'amas de toutes les opinions qu'on a pu soutenir dans le monde depuis
la plus lointaine antiquité, peuvent être épuisés de
ce panorama et doivent l'être, et, une fois habitués au doute, ils ne sauraient s'en tirer.

Ils ressemblent à ces hommes que dégoûte et
fatigue la dissipation, mais qui n'ont pas la force
d'y renoncer. Puis la pratique des religions se-

crètes rend une âme bien impropre à saisir les vérités d'une façon absolue. Sait-on jamais les objections que réserve celui qui est habitué à croire toute autre chose que ce qu'il avoue? N'arrive-t-il pas aussi qu'il adopte en même temps un peu des idées les plus discordantes ? Ne s'est-il pas rompu de longue main au sophisme, et n'a-t-il pas érigé l'inconséquence en dogme ? Précisément parce que c'est l'inconséquence, elle est insaisissable, et je crois que le christianisme transporté en Perse pourrait tout au plus s'y substituer à l'islamisme dans le poste de religion d'apparence, ce qui ne me semble ni un rôle digne de lui, ni un rôle bien fécond. Il y a eu d'ailleurs autrefois trois tentatives qui ont échoué et qui semblent, par comparaison, pouvoir appuyer mon avis.

Schah-Akbar dans l'Inde, et Nader-Schah en Perse, furent l'un et l'autre très frappés des inconvénients politiques de ces éparpillements des consciences de leurs sujets sur des terrains religieux si différents. Ils voulurent inaugurer une croyance nouvelle qui, construite à la manière éclectique, aurait contenu un peu de tout : un peu de christianisme, un peu d'islamisme, un peu de nossayrisme, du rationalisme et de la thaumaturgie ; de quoi satisfaire chacun. On les regarda faire, et ils n'eurent pas un néophyte. Schah-Akbar ne réussit à rien. Nader, plus obstiné, crut comprendre que son œuvre était trop évidemment humaine, et se condamnait par cela même. Il ordonna que tout le monde eût à se rallier purement et simplement

au sunnisme, afin que son pays fût véritablement
musulman. On sembla lui obéir, et il s'aperçut
encore qu'il n'avait pas changé un point à l'état
des choses. Comme il était peu croyant de sa nature,
et qu'il n'estimait de la question que le côté politique, il laissa aller et se résigna.

Mais Aureng-Zeyb était un autre homme que
ces deux souverains. Il avait en toutes choses des
idées absolues. Il n'alla pas chercher des plans
compliqués pour réaliser sa pensée. Il voulut tout
simplement un despotisme irrésistible exercé sur
un peuple qui n'eût pas d'autre foi que l'islam ;
ce qu'il avait voulu au commencement, il le voulut
obstinément jusqu'à la fin de son règne, qui fut
interminable. Il fit beaucoup de mal, laissa une
mémoire détestée de tous les non-musulmans et
n'obtint rien de décisif. Après sa mort, les choses
retombèrent juste où elles étaient avant son avènement. Toute tentative analogue faite en Perse
aurait le même résultat.

J'en conclus que, de même que le patriotisme
persan est par sa nature au-dessus de toutes les
transformations politiques, ou, si l'on veut, au-
dessous, mais, dans tous les cas, peut les subir
et traverser toutes les épreuves sans rien perdre
de sa virtualité et de ses effets, de même la disposition religieuse des Iraniens, l'étonnante consommation d'idées dogmatiques qu'ils ont faite,
l'amas informe mais gigantesque qu'ils en possèdent, constitue un dépôt de détritus que rien ne
saurait balayer, et qui empêchera pour toujours

toute doctrine unique et complète de prendre place sur ce terrain. C'est une sorte de marécage où on ne saurait enfoncer solidement aucun pilotis, mais, qui, en revanche, peut engloutir tous les édifices qu'on tenterait d'y élever.

Je passe maintenant à l'examen de l'état des personnes.

CHAPITRE IV

L'ÉTAT DES PERSONNES

A tout seigneur, tout honneur ; il convient de commencer par le roi.

Le souverain de la Perse n'est pas ce monarque absolu que l'on s'imagine en Occident. J'ai lu même dans certains écrits que l'on pouvait entrevoir des limites à l'autorité des autres souverains de l'Asie, y compris l'empereur de la Chine ; mais que le schah était une espèce de dieu terrestre, et que le froncement de son sourcil faisait trembler sans rémission toutes ses provinces. Les auteurs qui ont parlé ainsi ont pris un peu trop au pied de la lettre les protocoles des décrets royaux. Sans vouloir opposer un paradoxe à une erreur, je serais porté à croire au contraire qu'aucune dynastie ne se trouve dans le monde ayant une position aussi fausse que celle du roi de Perse.

Il faut d'abord écouter la loi fondamentale du pays, qui le déclare théoriquement illégitime ; qui

ne voit en lui qu'un usurpateur et ne commande
de lui obéir que comme au gouvernant de fait mais
nullement de droit. Voici l'exposé de cette singulière théorie : la plénitude de la souveraineté
légale résidait dans les Sassanides. On peut s'apercevoir une fois de plus combien tout est ancien
en Perse et prend sa source dans les institutions
primitives. Car pourquoi les Sassanides étaient-ils
légitimes ? C'est qu'ils avaient chassé les Arsacides, dynastie qui se réclamait d'Alexandre, un
étranger, et repris la succession nationale. Ils
étaient les vrais rois de Perse, et l'idéal sur lequel
les souverains des siècles suivants devaient se
modeler.

Lorsqu'ils tombèrent devant la conquête arabe,
Aly succéda à tous leurs droits. D'abord, comme
vainqueur religieux, le seul fait d'apporter la foi
au pays justifiait son élévation ; puis comme imam.
Dans cette dernière qualité, il était, de toute éternité, souverain de la Perse ; les autres droits se
réunissaient naturellement aux siens. Ensuite son
fils Husseyn ayant épousé Byby-Scheherbanou,
fille du dernier roi sassanide et en ayant eu postérité, il est évident que les prétentions qu'auraient pu élever d'autres membres de l'ancienne
famille royale se trouvaient écartées. Ainsi donc,
après les Sassanides, devaient venir les Alydes ;
mais les Alydes persécutés ne régnèrent pas, et
à leur place les khalifes Aboubekr, Osmar et Osman
usurpèrent le trône. Donc, la domination qu'ils
exercèrent fut illégitime pour les Schyytes. Toute-

fois, elle fut régulière pour les Sunnites, et régulière
aussi fut toute la lignée des Abbassides. Sur ce
point il y a contestation entre les musulmans, et
les uns disent oui, là où les autres disent non, mais
bientôt ils sont d'accord. Très vite la domination
des Abbassides sur la Perse fut purement nomi-
nale et les Emirs-el-Ouméras, commençant la
longue suite des dynasties locales, obtinrent dans
toute sa plénitude l'autorité royale. Ils n'étaient
pas descendus des imams, ils demeurèrent donc
usurpateurs aux yeux de la loi. En vain, sentant
ce que cette position avait de fâcheux, ces princes,
tous d'origine turque, comme je l'ai déjà dit, cher-
chèrent-ils à faire remonter leur droit plus haut
que celui de Yezdedjerd, le dernier des Sassanides.
En vain ils arborèrent des généalogies qui les rat-
tachaient au roi précédent et dans des lignes plus
directes que la sienne. Outre que ces documents
étaient grandement suspects, ils tournaient et ne
résolvaient pas la difficulté, car restaient les prérogatives de l'imamat, et celles-là, il n'y avait pas
moyen de les réclamer. De sorte que, bon gré mal
gré, tous ces souverains les uns après les autres,
et depuis les Sassanides jusqu'à Nasreddin, schah
aujourd'hui régnant, durent s'accommoder de
n'être que maîtres de fait et non pas de droit.

Comme tels, la loi ne leur reconnaît aucune propriété régulièrement acquise. Dans leurs palais
impériaux, ils sont obligés de désigner certaines
chambres pour lesquelles ils payent un loyer aux
mosquées, sans quoi ils ne pourraient y faire leur

prière. La prière faite dans un lieu indûment possédé et injustement retenu n'est pas valable et
tourne à la confusion du spoliateur. Mais, par
l'argent donné à titre de loyer, ils se constituent
locataires et peuvent échapper ainsi à la difficulté.
Ils n'ont pas plus de droits à leurs meubles, aux
habits même qu'ils portent, qu'à leurs royales
demeures. C'est pourquoi un personnage religieux
aspirant à quelque sainteté n'accepte jamais l'aumône d'un roi de Perse ; l'argent qu'il recevrait,
n'étant pas la propriété légitime du donateur,
le souillerait. Le même personnage ne doit pas
s'asseoir sur le tapis du roi ; c'est un tapis qui ne
devrait pas être dans les mains de celui qui le possède. On a vu, et il y a à peine de cela sept ou
huit ans, un mouschtehed, forcé de paraître devant
Mohammed-Schah, relever avec son bâton le tapis
qui couvrait le sol et prendre place sur la terre
nue. Tous les assistants, le roi lui-même, compri-
rent l'action du saint homme, la trouvèrent légale,
régulière, naturelle, et ne s'en scandalisèrent pas.

Cependant il y aurait des inconvénients considérables à ce que cette situation de la royauté ne
fût pas en quelque sorte palliée de façon ou d'autre.
On en a trouvé le moyen dans le fait que les plus
grandes dynasties, comme les Gaznévides, les fils
de Djynghyz et les princes issus de Timour, étaient
des conquérants étrangers qui dominèrent sur
l'Iran au moyen de nations ou de tribus soumises
antérieurement à leur obéissance directe, et dans
cet autre fait que les dynasties plus nationales

furent la création d'aventuriers heureux entourés de bandes de fidèles. Le roi, dès lors, se présente comme un protecteur, comme un personnage étranger à la hiérarchie régulière des pouvoirs de l'État, mais placé, en raison de sa puissance de fait, de manière à tout dominer. C'est toujours, suivant la théorie, un bienfaiteur permanent et omnipotent qui étend son ombre sur l'empire et consent à lui faire tout le bien possible. Cette fiction se révèle dans les occasions solennelles telles que le sélam, ou grande réception du norouz, le nouvel an. Le peuple, les troupes, les fonctionnaires publics, sont réunis dans un des jardins impériaux. Le talar est ouvert, et sur la plate-forme sont rangés des plateaux d'or et d'argent émaillés, des vases précieux de toutes les époques et de toutes les formes, remplis les uns et les autres de sorbets et de confitures. Quand la foule est arrivée, le roi, suivi de ses parents et de sa maison, paraît à son tour et s'asseoit sur le trône. Il est en grand costume de cérémonie, avec le sabre, et on porte à côté de lui les armes officielles, masse d'armes, bouclier, les insignes de la domination et de la conquête. Les assistants s'inclinent avec respect ; alors le premier ministre, interprète des sentiments de l'assemblée, s'avance à trente pas environ du talar et, au milieu de la foule silencieuse, adresse au souverain d'une voix haute des compliments de bienvenue et des vœux pour sa prospérité. Le roi, après avoir assuré que sa santé est parfaite, demande si le peuple a lieu

d'être satisfait. A quoi le premier ministre réplique
que jamais le bonheur public n'a été si complet,
que l'Iran doit aux vertus et au génie du monarque
une félicité incomparable et lui en témoigne en ce
jour sa gratitude. Alors Sa Majesté entre dans les
détails. Il s'enquiert si les espérances de la prochaine moisson sont belles ? — Elles sont excel-
lentes. Si la paix règne dans toutes les provinces?—
— La paix est profonde. — Si les administrateurs
sont dévoués au bien public et d'une intégrité
satisfaisante ? — Jamais zèle ni intégrité ne furent
nulle part plus dignes d'éloges. Ce que voyant, le
roi remercie Dieu d'un pareil état de choses, et
fait observer que, pour qu'il puisse durer, il faut
que le peuple se montre docile à la religion ; à
quoi le ministre répond : « Sans doute ! sans doute !
— Il faut encore que les mœurs se maintiennent
pures ! — Sans doute ! sans doute ! — Il faut que
l'avarice soit bannie du cœur des fonctionnaires ;
car rien n'est si nuisible à une nation que des magistrats prévaricateurs. — Sans doute ! sans doute
doute ! » Après avoir prononcé quelques autres
conseils également salutaires, le roi se tait et on
lui remet son kalian. Tandis qu'il fume, des serviteurs font circuler des rafraîchissements. Puis
on apporte des sacs remplis de petites pièces d'or
et d'argent frappées exprès pour ce jour ; le roi
distribue des largesses à tout le monde. Pendant
ce temps, il continue à adresser des observations
officielles au premier ministre, mais toujours sur
un ton familier.

Un poète s'avance du fond du jardin et déclame une pièce de vers à la louange du monarque. Lorsqu'il a fini, un moullah se présente à son tour et récite une prière à la même intention. Après quoi, Sa Majesté se lève, le premier ministre lui adresse des paroles d'adieu, et, quand tout le monde s'est incliné, le roi est parti et la cérémonie prend fin.

Dans cette espèce de discours du trône auquel s'entremêle l'habileté nationale, on démêle clairement que l'État ce n'est pas le roi, mais que le roi est placé au-dessus de l'État, dans la situation indépendante, en quelque sorte extérieure et surtout protectrice, que j'ai indiquée plus haut.

Le vrai représentant de l'État c'est le ministre, et bien que celui-ci, invariablement choisi par le prince, soit, en fait, beaucoup plus l'homme de la couronne que celui du pays, encore s'explique-t-on sans peine l'existence de cette haute autorité lorsqu'on se place au point de vue que j'indique. Que si, au contraire, on suppose le droit au despotisme illimité chez le prince, on ne comprend plus très bien la présence perpétuelle d'un délégué qui doit, en bien des circonstances, gêner l'action de l'autorité royale, et dans d'autres l'éclipser. Les fonctions de premier ministre n'existaient pas sous les Sassanides. Le conseil intime du souverain était formé par trois grands dignitaires, le chef des Mages, le chancelier de l'empire et le général en chef. Sous les califes, le grand vizir n'avait pas non plus l'autorité immédiate d'un premier ministre persan des temps postérieurs. Bien qu'il

soit revêtu d'une puissance très chancelante et
que sa dignité et sa personne soient tout à fait
à la merci du prince, ce dignitaire, dont la qua-
lification a varié très souvent, n'en est pas moins
le chef réel et immédiat de l'administration persane. Il a dans ses mains l'intérieur, les finances,
les travaux publics, l'armée. Il représente l'État.
Le prince le choisit comme il veut, où il veut, le
renvoie, le fait périr ; mais il ne se passe guère
de lui et n'exécute rien que par son intermédiaire.
Il arrive quelquefois que cette position gênante
est supprimée pendant un certain laps de temps
et remplacée par une autorité collective. Mais elle
est tellement dans la nature des choses qu'elle
finit toujours par reparaître. Ce qui revient à dire
que le premier ministre possède l'action réelle.

Il présente à la nomination royale des fonctionnaires de tout rang et de toute nature. C'est à lui
qu'ils rendent compte. Il a sous lui, d'abord ses
collègues, dont aucun n'a de fonctions régulières
ni définies, car il fait tout ce qu'il veut sans leur
avis, s'il lui plaît de ne pas le demander ; ensuite
viennent les moustofys, espèce de conseillers d'État
qui remplissent aussi les fonctions de maîtres des
comptes. Ce sont eux qui examinent les dépenses
et régularisent les écritures. Chaque ministre a
sous lui un certain nombre d'employés assez limité.
Cependant, quand on calcule qu'il en faut aussi
pour les douanes, pour l'armée, pour les arsenaux,
pour les postes, pour les finances, et pour toutes
les administrations provinciales, on s'aperçoit que

le nombre en monte encore assez haut, surtout quand on tient compte du chiffre de la population, qui ne paraît guère pouvoir dépasser dix à douze millions d'âmes. Alors on comprend que le désir et l'espoir fondés d'entrer dans les services publics produisent cette classe considérable d'hommes que l'on appelle les mirzas, et qui se rencontre partout en Perse.

Un mirza est à peu près ce que les Anglais nomment un gentleman. Le premier ministre s'intitule mirza ; mais cette hiérarchie descend assez bas, car beaucoup de domestiques sont aussi des mirzas. En général, on prend ce titre lorsque, possédant une certaine somme de connaissances littéraires, on se considère et on veut être considéré comme un homme au-dessus du vulgaire. La plupart des mirzas aspirent à des fonctions civiles, mais on en trouve aussi parmi les militaires. Lorsqu'ils sont partis d'une position très humble, il est évident que la route ascendante de ces personnages ne saurait être la même que lorsque la fortune favorise leurs premiers pas. Alors, on les voit étendeurs de tapis ou porteurs de kalians jusqu'à ce qu'une circonstance favorable les conduise plus haut. Rien ne s'oppose à ce qu'ils arrivent aux emplois les plus éminents ; on ne leur demande absolument que du mérite, en langage officiel ; une protection efficace, en réalité. Cette classe, que je ne saurais appeler une classe moyenne, car elle n'exerce aucune industrie, ne fait aucun métier, ne rend aucun service positif au pays et se borne à l'état de solliciteur permanent pendant toute la durée de la vie, est la partie la plus visible, la plus agissante de la société persane. Si elle parvient, dans un assez grand nombre de ses membres, à des fortunes extraordinaires, nulle part elle ne fonde rien de stable ; rarement une famille de mirzas passe deux générations dans l'opulence. Comme ce sont les places qui la font vivre, l'absence des places la renverse.

Le genre d'existence que mènent ces personnages n'est pas très favorable au maintien d'une grande moralité. Ils ont les vertus et les vices des solliciteurs de tous les pays. Beaucoup de patience, de la souplesse, infiniment d'amabilité, de la disposition à prendre le temps comme il vient, un grand scepticisme pratique, de la gaieté, de la finesse, de l'esprit d'à-propos ; ce sont des Gil Blas. Ils aiment le plaisir à la rage, ont des mœurs telles quelles, et se croiraient dupes s'ils n'étaient un peu perfides, un peu fripons. Voilà les instruments de l'administration persane.

A Téhéran, le premier ministre a les yeux sur cette classe agitée et bariolée, et la dirige autant qu'elle peut être dirigée ; mais aussitôt que de la capitale on tombe dans une ville de province, la scène change et l'on entre dans un petit monde dont, sous beaucoup de rapports, l'intérêt est puissant. Le gouverneur tient, à la vérité, sa nomination du roi d'accord avec le premier ministre, mais, tant qu'il est en charge, il fait chez lui ce qu'il lui plaît. Il doit compte au gouvernement

central de trois choses : l'impôt foncier, le recrutement de l'armée régulière, le produit des douanes,
là où il y en a. Hors ces trois points, le gouverneur
jouit d'une liberté plénière. C'est un petit roi ; il
a son vizir comme le roi a le sien, et il gouverne à
sa guise. On peut le rappeler, mais on ne le con-
trôle pas, à moins qu'on ne lui ait accolé un espion.
Mais, dans ce cas, pour peu qu'il soit adroit, il
corrompt le surveillant et partage ses profits avec
lui. S'il se fait des choses qui déplaisent à la cour,
le premier ministre envoie des ordres. Mais il n'a
aucun moyen de s'assurer qu'il est obéi, et, généralement, il ne l'est pas. On peut donc dire, en
toute vérité, que le pouvoir royal ne s'exerce qu'à
Téhéran sous forme de délégation perpétuelle entre
les mains de son premier agent, et que, dans les
provinces, il n'a qu'une façon d'intervenir, c'est
la déposition et le rappel des gouverneurs. Mais le
fait journalier de l'administration lui échappe
presque absolument. Alors dans toutes les villes
recommence le jeu des mirzas que j'ai indiqué
plus haut.

Après les mirzas, ce sont les marchands. J'ai dit
ailleurs quelles devaient être les façons d'agir, les
mœurs des négociants. Je n'ai rien à ajouter à
cet égard. Il en est en Perse comme en Égypte,
en Arabie et dans l'Inde. Mais, en Perse, les marchands sont peut-être la partie la plus respectable
de la population. On leur reconnaît une grande
probité. Comme ils ne vivent pas à l'aventure et
que le plus souvent un marchand, étant fils de

marchand, a hérité d'une fortune plus ou moins
considérable qu'il transmettra à ses fils, il est sans
ambition mondaine et en dehors de beaucoup d'intrigues. L'estime publique lui est nécessaire et il
la cultive avec soin. Il en résulte que ce peuple
spirituel, sceptique, moqueur et méfiant, place
sans difficulté son argent entre les mains des négociants pour le faire valoir, et que ceux-ci tiennent
lieu, à cet égard, des établissements de crédit
européens. Ils disposent donc, en réalité, de la
plus grande partie des capitaux de la Perse, ce
qui les rend très importants aux yeux du gouvernement, toujours harcelé de besoins et qui ne saurait que devenir s'il ne les avait pas pour lui prêter
secours. Il leur emprunte ; mais, comme les marchands, en prêtant, livrent nécessairement des
capitaux qui ne leur appartiennent pas toujours
et dont ils sont tenus de rendre compte, ils ne peuvent avancer que sur des garanties solides, et c'est
ainsi qu'ils ont souvent entre leurs mains ou des
monopoles, ou des délégations sur les revenus de
telles provinces, ou des pierreries, ou d'autres
valeurs analogues. Il s'est trouvé des temps où
la cour, ruinée et ne sachant de quel côté faire
tête, n'imaginait rien de mieux que la banqueroute;
mais ces coups d'État, ressources des crises extrêmes, sont excessivement rares, car ils ont pour
résultat certain de rendre tout emprunt ultérieur
impossible. Je ne crois donc pas qu'il y en ait
des exemples récents. Ce qui arrive, c'est de laisser
à perpétuité le gage dans les mains des prêteurs ;

mais, en ce cas, la spoliation n'existe que pour l'emprunteur. De même, encore, il est très difficile de faire subir aux commerçants une avanie sérieuse, toujours par cette raison : car un homme auquel on aura pris de force cent francs, refusera plus tard d'en prêter mille dans un cas de besoin urgent, et non seulement il ne donnera rien, mais son confrère fera comme lui, par esprit de corps. Le négociant persan ne paye pas un sou d'impôt. Il vend de tout, soieries, cotonnades, porcelaines, cristaux, épices, provenances d'Europe et d'Asie ; il fait la banque, comme la commission, et n'acquitte pour cela aucune espèce de droit. Il est considéré comme capitaliste. Ce qu'il a à payer c'est le loyer de sa boutique entre les mains du propriétaire du bazar. Rien de plus.

Les usages commerciaux se ressentent fortement de l'horreur des nations orientales pour la précision. J'ai dit que le marchand persan était presque toujours d'une probité stricte. Sans doute, mais il ne se croit pas obligé de payer une lettre de change à l'échéance. Si le fait arrive quelquefois, c'est par suite de quelque question d'amourpropre. En réalité, on ne le considère pas comme obligatoire, et les gens les plus solides ne s'y croient pas tenus, à moins de promesse verbale ou écrite qui engage leur conscience. Dans ces circonstances, le créancier accorde volontiers un délai ; on se borne à hausser le taux de l'intérêt. Comme cet intérêt est presque toujours à 24 p. 100, on le porte à 30. J'ai vu des créances arriver ainsi

à 60. Souvent alors le débiteur se déclare hors
d'état de payer le capital et de continuer à solder
un intérêt aussi considérable. La loi, il est vrai,
autorise l'expropriation ; mais comme elle n'y
consent qu'avec répugnance et beaucoup de restrictions, c'est une extrémité à laquelle on ne peut
se porter sans entamer sa considération ; on hésite
donc à y venir ; on n'y a recours, pour ainsi dire,
que comme à un acte de vengeance, si on a personnellement à se plaindre des procédés du débiteur. Mais le plus ordinairement, on ajourne encore
l'exigence du payement sans augmenter les intérêts, ou bien on se contente d'une somme une fois
payée, qui, avec ce qu'on a déjà touché, représente
le capital primitif augmenté d'un profit raisonnable. Cette sorte de concordat n'entache la considération de personne et fait honneur au créancier. On aurait peut-être tort, au point de vue
moral, de juger cette façon de procéder avec la
rigueur de nos principes commerciaux. Un tel
laisser aller n'empêche pas chez les marchands
persans la bonne foi dans les affaires. J'en donne-
rai pour preuve la confiance avec laquelle ces
mêmes négociants agissent. J'ai vu l'un d'eux
envoyer sur demande verbale 18.000 francs en
or, dans un sac de soie scellé, et déchirer le reçu
qu'on lui offrait, se déclarant offensé de cette façon d'agir. Étant à Téhéran, j'ai reçu d'Hama-
dan, qui en est à sept jours de marche, par l'intermédiaire d'un muletier, un paquet contenant
pour trois mille francs de médailles antiques. Je

n'avais jamais entendu parler de l'homme qui me
faisait cet envoi. Ainsi il ne suspectait ni son muletier, ni un Européen inconnu, ce qui me paraît
la preuve la plus convaincante de sa probité personnelle.

Les marchands vivent donc au milieu de la
société persane à peu près sans obligation vis-à-vis
d'elle, et dans un milieu d'assez grande liberté.
Il en est de même, sous beaucoup de rapports,
des grands métiers. Ceux-ci forment des corporations, des *Esnâfs*, qui ont leurs officiers, absolument
comme les marchands ont aussi les leurs. Ces officiers sont élus par eux et parmi eux. Ils ont des
assemblées pour délibérer de leurs intérêts. Ils
ont une caisse et un trésorier. Les maîtres sont
nommés après examen. Enfin, c'est l'organisation
de saint Louis, ou plutôt c'est l'organisation que
saint Louis avait trouvée et régularisée, que nos
commerçants devaient aux Romains, qui la devaient à l'Asie, où elle est restée, comme tout y
reste. Les métiers ne payent rien au gouvernement, et le seul impôt levé sur les artisans est
perçu par les artisans eux-mêmes, au profit de
leur caisse. Ils acquittent à la vérité un certain
droit destiné aux frais communs du bazar, mais
c'est peu de chose. On voit tout de suite que ces
corporations ainsi enrégimentées s'appuient d'une
part sur les marchands, pour qui elles travaillent,
et sur les moullahs, qui, ayant besoin, pour leur
prestige, de s'entourer des multitudes, prennent
volontiers les intérêts des apprentis, des artisans

et même des maîtres. Un artisan persan vit fort
tranquille en temps ordinaire ; les lois le protègent et n'exigent rien de lui. Le gouvernement
et l'administration ne sauraient lui nuire qu'en
procédant irrégulièrement.

L'ouvrier persan est adroit, ingénieux, industrieux, et même laborieux à sa façon. Je dis à
sa façon, parce qu'il n'entend pas que le travail
puisse lui imposer les labeurs beaucoup plus considérables auxquels se soumettent ses pareils d'Europe. L'idée de rester attaché à son œuvre pendant
douze à quinze heures ne lui prend pas, et personne non plus ne songe à lui imposer une telle
fatigue. Puis la subdivision n'existe pas comme
chez nous, et tout artisan complète à lui seul et les
parties constitutives de son œuvre et son œuvre
elle-même ; il en résulte qu'il a un peu des caprices,
des plaisirs et de l'activité d'imagination, et aussi,
il faut le dire, de la nonchalance des artistes,
Ainsi, nous arrivons à d'immenses résultats commerciaux en partageant la confection d'une
épingle, et à plus forte raison celle d'une montre,
entre un nombre considérable d'ouvriers. Chacun
d'eux a sa spécialité et n'en sort jamais. Tous ac-
quièrent des facultés surprenantes de précision
et de rapidité de travail ; ils produisent avec une
abondance et une perfection mécanique incompa-
rables ; mais ils deviennent des espèces de machines
eux-mêmes ; et leur intelligence non plus que leur
goût réel et réfléchi pour le métier qu'ils exercent
ne gagnent rien à ce régime. La spéculation et la

production peuvent y profiter beaucoup, mais
l'homme y perd certainement. Rien n'étonne et
ne déconcerte davantage un Européen que de
lui demander un travail sortant si peu que ce
soit des habitudes de sa routine ordinaire. Il s'en
indigne presque, et son premier mot est toujours
de déclarer la chose impossible. Je sais que je
vais là contre une opinion reçue ; mais toute personne qui n'est pas possédée de l'admiration systématique de la classe ouvrière et qui aura essayé
de faire faire quelque chose d'inusité, conviendra
de la mauvaise volonté et de la maladresse des
ouvriers parisiens, qui passent cependant pour
des parangons d'adresse, double obstacle qu'on
ne peut vaincre qu'à force de patience, d'essais
répétés et d'argent. L'ouvrier persan, tout au re-
bours, est toujours charmé par l'idée d'un travail
qu'il n'a jamais fait. Il se met à l'œuvre avec feu,
comprend vite ce que l'on veut de lui, et exécute
avec une intelligence et une promptitude qui con-
fondent. Il aime particulièrement à copier les ouvrages d'Europe. J'ai vu des tables, des chaises,
des fauteuils, des armoires, des fenêtres parfaitement faits par des hommes dont c'était à peu
près le coup d'essai. On fabrique à Schyraz et à
Ispahan des couteaux de forme anglaise, marchan-
dise commune, à très bas prix, et auxquels on
sait donner si bien la tournure voulue, que le mot
London ne manque même pas sur la lame. J'ai
vu faire sur modèle des éperons à vis par un serru-
rier pour qui cette besogne était toute nouvelle,

et qui copia si bien le produit britannique placé
sous ses yeux, qu'à part la qualité du fer, l'œuvre
persane valait au moins l'œuvre anglaise, et de
plus coûtait le tiers meilleur marché. Mais pour
que les choses se passent ainsi d'une manière
satisfaisante, il faut ou qu'elles puissent se faire
à bâtons rompus, ou qu'elles ne durent pas longtemps. Tout objet qui demande de la suite, un
travail soutenu, de la persistance dénuée de l'excitation du fait nouveau, est à peu près sûr d'être
abandonné longtemps avant d'être terminé. L'ouvrier persan s'amuse de son travail, ce que ne fait
pas le nôtre, mais il est sujet aussi à s'ennuyer,
et alors il est extrêmement difficile de l'y tenir
et d'en voir la fin. Je n'ai pas besoin de dire que
si, par malheur, on l'a payé d'avance, on peut
considérer comme à peu près certain que cette
fin n'arrivera jamais.

Il semblerait qu'autrefois, j'entends il y a cent
à cent cinquante ans environ, la population in-
dustrieuse de la Perse ne laissait pas que d'être
très considérable. Il existait alors une grande
production de soieries, velours, taffetas, brocarts,
à Kashan, à Ispahan, à Rescht, à Yezd ; des
manufactures d'armes à Kermân et à Schyraz,
des tissages d'indiennes un peu partout, de la chau-
dronnerie remarquablement belle et célèbre dans
tout l'Orient, enfin une quantité de branches de
fabrication parmi lesquelles on ne peut oublier
de nombreuses variétés de tapis. Il s'en faut de
beaucoup que tout cela existe aujourd'hui ; mais

de tout, cependant, il reste encore un peu. Ce peu nourrit un certain nombre de gens de métiers, et pourrait être facilement augmenté, sans les causes destructives de toute activité industrielle qui agissent, en ce moment, dans les différents pays d'Asie. Mais ces causes, dont je parlerai plus tard, ont une telle force qu'il n'y a pas tout le profit désirable à être ouvrier, et, par conséquent, les gens de cette classe préfèrent souvent embrasser une profession qui est le refuge ordinaire de tous les aventuriers sans le sou, de tous les domestiques sans place, et, pour dire la vérité, un peu de tout le monde à un moment donné : c'est le courtage.

Ce métier paraît être admirablement adapté à l'esprit persan. Il demande de la finesse, de la ruse, une sorte d'éloquence et de force persuasive de bon aloi, de la patience et quelque connaissance du cœur humain. C'est une école d'expérience et partant de sagesse. Tous les Persans, mais principalement les Ispahanys et les hommes de Schyraz, sont nés *dellâls* ou *courtiers*. Tout le monde vend ou met en gage ce qu'il possède. Quand je dis tout le monde, je parle à la rigueur. Le roi met en gage ses pierreries, ses femmes leurs atours ; le savant emprunte sur ses livres, et le propriétaire sur ses champs. Il n'y a pas d'hommes ni de femmes qui n'aient des dettes, et il n'y a peut-être pas de personnage si endetté qui n'ait aussi des débiteurs. Lorsqu'on achète un objet quelconque, un habit, un bijou, une marmite,

on considère, sans doute, si l'objet convient à
l'usage auquel on le destine, mais surtout on prend
garde à ce qu'il soit propre à être mis en gage ou
vendu, et il y a dans l'année des moments marqués
où la moitié d'une ville prête de l'argent à l'autre
ou lui en donne de cette façon. La grande époque, ·
c'est la fête du Norouz, le nouvel an. La seconde,
c'est le Moharrem, temps des représentations
théâtrales ; et toutes les occasions de réjouissance
ou de deuil, tant publiques que privées, et Dieu
sait si elles manquent ! surtout les premières,
chez un peuple dont la grande et perpétuelle
occupation est de s'amuser, sont encore des circonstances où l'on voit chacun s'agiter pour trouver de l'argent ; les courtiers courent de çà et de
là, emportant de gros paquets et abordant les
gens dans les rues et dans les maisons avec un air
demi-important, demi-confidentiel, qui leur est
propre et qui donnerait à croire que, par philan-
thropie, ils trafiquent à vil prix de toutes les richesses de l'univers. J'ai fréquenté les dellâls,
et ce n'a pas été, assurément, en toutes occasions,
pour le plus grand bien de ma bourse. Mais la
vérité m'oblige à avouer que ce sont des gens
utiles pour les amateurs de curiosités, et on ne
peut plus amusants. Je désire que deux membres
de cette corporation, qui, d'ailleurs, ne liront jamais ces pages, trouvent ici l'expression de ma
reconnaissance pour les bons moments qu'ils m'ont
fait passer. Que Nasroullah puisse toujours rencontrer des acheteurs complaisants, et Oustad-

Aga, son compère, des vendeurs peu exigeants !
Le premier est d'Ispahan, mais le second est de
Schyraz, et entre ces deux habiles personnages,
on ne saurait à qui donner la palme. J'ai eu quelques torts légers avec Oustad-Aga, tandis que
jamais le moindre nuage n'a altéré mes relations
avec Nasroullah. Un jour que nous ne tombions
pas facilement d'accord dans un marché, et qu'à
tort, sans doute, je le soupçonnais d'abuser plus
que de raison de ma crédulité, il m'arriva de lui
appliquer l'épithète courante de *fils de père brûlé*.
Cette locution, très en faveur, signifie que le père
de celui à qui l'on parle brûle en enfer pour ses
méfaits. « Monsieur, me dit Nasroullah, d'un air
doux, faites-moi l'honneur de m'appeler comme
vous voudrez, je m'en tiendrai pour honoré, mais
non pas de cette façon-là, parce que cela m'at-
triste. Si mon père était vivant, je n'aurais rien
à dire, mais il est mort, et vous comprenez... »
J'admirai la délicatesse de Nasroullah, et, comme
échange de bons procédés, je lui demandai
d'abaisser un peu ses exigences, ce que je n'obtins
pas.

On peut dire que toute la nation a goûté, goûte
ou goûtera du métier de courtier, et s'en trouve
bien ; ainsi, comme je viens de le dire, on n'est
pas moins prompt à prêter de l'argent qu'à en
emprunter. Le souverain prête à l'État, les grands
personnages prêtent aux sujets, les marchands
prêtent aux grands personnages, les domestiques
à leurs maîtres, les maîtres aux domestiques, les

soldats aux officiers, les officiers aux soldats ;
la canaille du bazar s'emprunte et se prête : enfin
c'est l'idéal de Panurge. Cet état de choses paraît
presque inexplicable au premier moment, quand
on voit que personne, dans ce pandémonium, n'est
le moins du monde enclin à faire honneur à ses
engagements. Des signatures, comme on dit ici,
ou des cachets comme on fait là-bas, on en donne
tant qu'il se trouve des gens pour en recevoir ;
mais retirer de la circulation ces témoignages d'une
dette, on n'en prend pas grand soin. Il résulte
de tout ceci beaucoup de désordre sans doute,
mais point de misère. Un créancier qui fait vendre
les meubles de son débiteur passe pour un monstre.
Tout le quartier se ligue contre lui, et il n'a plus
de repos. Mieux vaut donc perdre ce qu'on a
prêté que de l'obtenir au prix de moyens violents.
On conçoit, d'après cela, qu'un homme criblé de
dettes à Téhéran est très loin de se trouver dans
la situation difficile et malheureuse où serait son
pareil à Paris. Ses amis et ses voisins le plaignent ;
ceux à qui il doit cherchent à améliorer sa position
pour qu'il puisse gagner quelque chose et leur en
faire part ; en somme, il porte assez gaiement le
poids du jour. Il m'est arrivé d'être juge dans des
affaires contentieuses entre des hommes dépen-
dant de la légation ou placés sous sa garde, et
d'autres indigènes : j'en ai tiré la conviction que,
lorsque je contraignais un débiteur à restituer
le capital autrefois emprunté, je faisais un acte
de justice littéral et point du tout un acte d'équité

naturelle, et que celui-là même au profit duquel
avait lieu le remboursement se félicitait du résultat
comme d'un bonheur inespéré qui lui paraissait
une faveur de ma part, et non pas l'acquitte-
ment d'un devoir régulier et naturel. Et cette opinion s'explique. J'ai fait rendre une fois trois cents
tomans (3.600 fr.) à un homme qui avait prêté
cinq cents tomans, il y avait sept ou huit ans. Il
avait jusqu'alors touché tant bien que mal un
intérêt qui, primitivement de 40 p. 100, s'était
élevé au bout de la première année à 60, et était
alors à 80. Il avait réussi à rattraper deux cents
tomans du capital, et aurait continué longtemps
encore à percevoir quelque chose à intervalles
plus ou moins distants. Quant aux trois cents
tomans, il n'y comptait guère lorsque je me trouvai l'avoir sous ma juridiction. Ses titres examinés,
je le fis payer, en réduisant, bien entendu, le
taux de l'intérêt à ce que l'usage européen autorise,
et il s'en montra si reconnaissant, et presque si
surpris, que je compris à mon tour comment il
jugeait son bonheur. Un marchand hindou de
Peschaver, que je fis rentrer dans ce qui lui était
dû, longtemps après qu'il avait désespéré de le
revoir, reparut chez moi le lendemain du jugement
avec sa robe en lambeaux, son bonnet défoncé et
sa barbe arrachée. Il avait eu querelle avec un
voisin qui ne lui devait pas un sou, et auquel il
avait réclamé je ne sais quelle somme, se fondant
sur ce que l'ayant fait payer la veille, je saurais
bien le faire payer le lendemain. La différence de

ce qui lui était dû à ce dont il avait envie lui échappait complètement.

Ces habitudes d'usure effrénée, de dettes constantes, d'expédients, de manque de foi, de tours d'adresse, amusent beaucoup les Persans, mais ne contribuent pas à élever le niveau de leur moralité. La vie de tout ce monde se passe dans un mouvement d'intrigues perpétuel. Chacun n'a d'autre idée que de ne pas faire ce qu'il doit. Les maîtres ne payent pas leurs gens, qui les volent de leur mieux. Le gouvernement ne paye pas ses employés ou les paye en papier, et les employés volent le gouvernement. Du haut en bas de la hiérarchie sociale, c'est une friponnerie sans mesure et sans limites, j'ajouterai sans remède. Elle plaît à tout le monde, profite à tous à tour de rôle, dispense de bien des peines, permet à chacun beaucoup d'oisiveté et constitue un jeu qui, tenant les esprits alertes en éveil, les habitue à une excitation dont ils ne se passeraient pas aisément. L'Émyr-Nyzam, ainsi que je l'ai dit ailleurs, payait régulièrement les fonctionnaires, mais il leur interdisait sévèrement la concussion. Le mécontentement était général. Quel rapport y a-t-il entre toucher cent tomans avec une grande régularité ou bien, sur ces cent tomans, n'en attraper que soixante avec des peines inimaginables, mais aussi avoir peut-être en perspective d'en ramasser de çà et de là deux cents autres, moyennant une foule de jolis tours d'adresse ? C'est là l'espérance ; en réalité, avec dix fois plus de fatigues qu'il n'en

faudrait pour être honnête, il arrive habituelle-
ment que le spirituel employé a à peine complété
au bout de l'an ses cent tomans réglementaires ;
mais n'est-ce rien que les espérances, les châteaux
en Espagne, les mille intrigues dont il s'est amusé
toute l'année et les fourberies qui l'ont tant fait
rire quand il les a racontées à ses amis ? Comme
l'imagination tient une part énorme dans le bonheur
des Orientaux, ils ne comparent pas entre deux
sommes égales, l'une acquise régulièrement, l'autre
grappillée. Tous les écoliers de l'univers sont
de leur avis.

S'il existe une classe de la société persane qui
ait une existence un peu austère, du moins par
moments, ce sont les soldats d'infanterie. Je ne
parle pas de la cavalerie ; elle est formée tout
entière par les tribus nomades, composée de gentilshommes obéissant à leurs chefs respectifs,
et appelée seulement en cas de guerre ou pour com-
poser temporairement la garde du roi ; mais les
fantassins sont recrutés autrement et n'ont pas
cette noble manière de servir. Le gouverneur d'un
district doit fournir tant d'hommes par an à
l'armée régulière. Il répartit ce contingent dans
tous les villages de son territoire. Les magistrats
locaux commencent par exempter les moullahs,
les marchands, les artisans, et naturellement tout
ce qui leur tient de près. On dispense encore les
familles de ceux qui sont domestiques de quelques
personnages influents, de tout homme pouvant
faire un cadeau suffisant à l'autorité supérieure,

ou aux agents subalternes de cette autorité.
Quand ces non-valeurs militaires ont été écartées,
il reste ce qu'il y a de plus pauvre dans la population, les gens qui n'ont rien à offrir pour éviter
d'aller servir le roi, et c'est parmi ceux-là que le
recrutement a lieu presque exclusivement. Si l'administration persane avait sur l'enrôlement les
idées qui prévalaient en Europe avant 89, et qui
sont encore pratiquées en Angleterre, elle trouve-
rait dans les basses classes des villes de quoi se
former des régiments sans avoir besoin de recourir
aux populations agricoles. Elle aurait à sa disposition cette foule de vauriens qu'on appelle des
loutys, gens de plaisir et un peu aussi de sac et
de corde, qui le jour remplissent le bazar, et la
nuit les maisons des marchands de vin arméniens
ou juifs. On les voit errer d'un pas nonchalant,
le bonnet sur l'oreille, la main sur le poignard,
la poitrine débraillée, l'œil insolent, et on en
pourrait faire des troupes assez vigoureuses pour
ferrailler au dehors. Ils sont fanfarons, mais braves
aussi, et leurs rodomontades ne sont pas toujours
des paroles, car ils connaissent la pratique du
duel, dont je n'ai vu de traces en Asie que chez
eux. C'est une habitude des loutys que de se défier
après boire. Le combat a des règles comme chez
nous et on se fait des blessures très sérieuses avec
le *gâmâ*, sabre court à lame large, lourde, pointue
et tranchant des deux côtés. D'autres fois, il est
de bon goût de se donner à soi-même un grand
coup de cette arme sur la tête, pour célébrer la

beauté et les rigueurs d'un objet aimé. Il n'est
pas rare non plus de voir un bon louty, pour asseoir sa réputation, défier les gardes de police et
en tuer quelques-uns à coups de couteau ou de
pistolet, en attendant qu'on le tue lui-même.

Mais de ces gens-là, il est au fond très heureux
qu'on ne fasse pas des soldats, car on formerait
ainsi une milice extrêmement turbulente et redoutable et on ne peut plus difficile à manier, vu, surtout, l'absence complète de surveillance et de
discipline, régime ordinaire des bataillons persans.
Au contraire, par la méthode adoptée, on obtient
des militaires qui sont les gens les plus doux, les
plus patients, les plus soumis, les plus attendris-
sants qui furent jamais. Lorsqu'une famille est
décidément condamnée à fournir un ou plusieurs
soldats et qu'elle n'a pu se racheter de cette obligation, elle désigne dès le berceau ceux de ses
membres qui porteront le mousquet, et à dater de
ce moment, ils sont enrégimentés pour le reste
de leur vie ; non pas qu'ils soient constamment
sous les drapeaux, il s'en faut de beaucoup : il
arrive parfois que le gouvernement renvoie un
corps de troupes dans ses foyers pour un temps
plus ou moins long, pendant lequel on ne paye
pas de solde ; ou bien les chefs militaires autorisent, moyennant finance, les soldats industrieux
à ne pas venir à leurs compagnies, et touchent,
pour eux-mêmes, la paye des absents ; mais, légalement, tout soldat est soldat à perpétuité, et
jusqu'à la vieillesse la plus avancée il peut être

obligé de servir. On voit donc dans les rangs des
vieillards de plus de soixante ans à côté d'enfants
de quinze ou seize.

Jamais, au grand jamais, à moins d'événements
extraordinaires, le soldat persan ne touche la
solde que l'État est censé lui allouer. En sortant
du trésor, elle passe par les mains du général commandant la division, du général commandant la
brigade, du colonel, du capitaine, du lieutenant,
du sergent, et ce qui en arrive à destination est
infiniment peu de chose. Mais le soldat, d'autre
part, n'est pas astreint à beaucoup de fatigues.
Il ne va guère à l'exercice, l'été parce qu'il fait
trop chaud, l'hiver parce qu'il fait trop froid.
Lorsqu'il est de garde à un poste, il n'est jamais
relevé tant que la garnison séjourne ; de sorte qu'il
s'installe dans son corps de garde à demeure et en
est absent à peu près toute la journée. Si on le
met en faction, il en a pour toute la nuit, à la vérité,
mais rien ne l'oblige à se tenir planté debout à
côté de son fusil ; il se couche sur sa capote et
s'endort tranquillement jusqu'au lendemain matin. S'il sait un métier, il l'exerce et sur ses gains
prélève de quoi faire des cadeaux à ses officiers,
qui le protègent dans ses opérations de banque
avec ses camarades. Il sert aussi de domestique
ou de portefaix ; enfin, dans la mesure de son intelligence, il s'organise une position aussi agréable
que possible. Rien dans la législation existante
ne l'empêche de rêver l'avancement le plus glorieux. Il est apte à devenir colonel, général, et

même général en chef. Mais, dans la pratique, comme tous les grades ne se confèrent que suivant les présents qu'on peut offrir à ceux qui en sont les dispensateurs, il est fort difficile qu'un soldat parvienne jamais bien haut. Cependant, et pour se flatter eux-mêmes, les guerriers persans peuvent se raconter l'histoire de ce pauvre diable qui était un jour à la porte extérieure du palais d'Hadjy-Mirza-Agassy, de son vivant premier ministre du feu roi Mohammed-Schah. Le grand personnage sortant de chez lui fit l'observation qu'il avait déjà vu souvent ce soldat, et qu'évidemment il lui rendait de grands services à se tenir ainsi debout quand il passait. Sur cette réflexion, il le nomma colonel ; mais de tels exemples sont rares.

La vie, en somme, est assez tolérable pour les soldats tant qu'ils sont en garnison ; mais quand on les envoie en campagne, leur sort devient bien triste. Moins que jamais ils sont payés. L'intendance n'existant pas en Perse, ils n'ont ni chaussures, ni vêtements, ni armes, ni vivres. Souvent ils sont réduits à manger l'herbe sur la route, là où il y a de l'herbe. Il n'y a pas plus de trois ans que la plus grande partie des troupes employées sur la frontière des Turcomans est morte littéralement de faim. Soumis à ce terrible régime, le soldat persan se départ très rarement de son inaltérable patience. Il est toujours doux, timide et gai. Quelquefois, quand il souffre trop, il s'insurge ; mais pour peu qu'on donne satisfaction à ses exi-

gences, le plus souvent très justes, il rentre aussitôt
dans le devoir. Il est admirable d'intelligence,
et je dirai aussi de courage ; car il me paraît beau
que des hommes ainsi traités, marchant pieds nus,
ayant des fusils sans chien, et conduits par des
officiers comme ceux qui les mènent, aient cependant attaqué les Anglais à la baïonnette dans la
dernière guerre.

Je n'ai pas encore parlé des rentiers, c'est-à-dire
des gens qui, sans fonctions publiques et sans profession, vivent de leurs revenus. Il y en a, mais
extrêmement peu ; de tels personnages sont trop
isolés, trop exposés aux convoitises des fonctionnaires, et à peu près sûrs d'être dépouillés un jour
ou l'autre, sans que personne vienne à leur aide.
Cependant on en compte quelques-uns dans les
villes de province. Suivant la proportion où ils
sont riches, ils offrent des cadeaux plus ou moins
fréquents aux moullahs ou aux magistrats locaux,
de manière à se ménager des amis en cas de besoin.
Il leur faut déployer beaucoup de sagesse, de modération et d'habileté dans toutes leurs affaires, et
paraître aussi petits que possible. En somme, ils
ont à lutter contre bon nombre de difficultés. Aussi
renoncent-ils presque tous à une part de leur indépendance pour s'assurer le repos. Ils se font domestiques de personnes qui peuvent les protéger,
et, au lieu d'en recevoir des gages, ils leur payent
une contribution. Dans ces cas-là leur service
n'est que nominal et ne les astreint qu'à aller
saluer leur maître à l'occasion ou à se joindre à

sa suite lorsqu'il est en grand gala, moyennant
quoi ils jouissent des avantages du patronage,
et personne ne leur dit mot.

Le revenu d'un particulier persan, en mettant
à part les gages ou les appointements qu'il peut
recevoir et les profits irréguliers que ses fonctions
lui donnent occasion de faire, se compose de l'intérêt de l'argent qu'il prête, et j'ai montré plus
haut comment se faisait ce trafic, de celui des
sommes qu'il dépose chez les marchands pour les
faire valoir dans le commerce, enfin de la propriété
des villages.

L'argent placé chez les marchands ne rapporte
pas, il s'en faut, les intérêts exorbitants de l'argent prêté ; mais, en général, il est en sûreté. On
le retrouve quand on veut, et personne ne vous en
dépouille.

La propriété des villages est encore un bon pla-
cement. C'est un reste de l'ancienne constitution
féodale du pays ; dans l'état actuel des choses,
le paysan est libre et s'administre par lui-même
au moyen du ketkhoda, ou ryschsèfyd, qui est le
maire ; mais il paye deux espèces d'impôts, l'un
à l'État, l'autre, sous forme de rente perpétuelle,
au personnage qu'on nomme le propriétaire du
village, et qui n'a d'autre droit que celui de percevoir cette rente. Il ne peut pas l'augmenter
arbitrairement, mais si le village dépérit, il peut
la perdre. Il est donc le protecteur-né des paysans
contre les exigences du fisc, et, comme il touche
des revenus dans la proportion où les produits

sont abondants, il est extrêmement intéressé à
la prospérité de son village et forcé de s'en occuper. Ce n'est pas une mauvaise institution.

Ainsi la société persane présente un ensemble
très bariolé et un grand amalgame de situations
très diverses. Son gouvernement contient des
restes de féodalité et d'institutions qu'on pourrait
dire constitutionnelles, qui, défendues par leur
antiquité, isolées souvent, jamais renversées, assu-
rent aux masses une somme d'indépendance que
l'imperfection ou pour mieux dire l'absence d'autorité réelle et de force administrative exagère
souvent jusqu'à la licence. L'organisation strictement nobiliaire des tribus, fondée sur les droits
de la naissance et l'éclat des généalogies, crée une
hiérarchie de gentilshommes extrêmement vains
de leur origine, mais qui n'en retirent guère d'avantages sérieux qu'autant qu'ils vivent dans le désert et sous la tente. Aussitôt qu'ils ont franchi
la porte d'une ville, tout le prestige dont ils pouvaient être entourés s'évanouit, le nom de leurs
familles ne compte plus que lorsque la courtoisie
le veut bien, et il ne s'y rattache aucun privilège.
Au contraire, la démocratie la plus absolue exprime là ses doctrines et les applique. Comme dans
tous les pays du monde, on entend le citadin persan railler la noblesse d'extraction, en faire des
contes et porter aux nues les droits du mérite individuel. A la vérité, comme dans beaucoup d'autres
pays également, ces droits du mérite se réduisent
dans la pratique aux droits de la faveur appuyés

sur des services qui ne sont pas toujours recom-
mandables, ou bien à des coups de fortune qui
n'élèvent pas constamment les plus dignes. Quoi
qu'il en soit, le citadin persan est aussi amoureux
de l'égalité que qui que ce soit dans l'univers,
et, je le répète, on ne dit rien sur ce sujet dans les
cafés d'Europe qu'il n'ait trouvé de son côté et
n'exprime avec beaucoup de verve, à tous les
étages de la hiérarchie sociale. Mais après avoir
parlé du roi, des grands personnages, des moullahs,
des marchands, des ouvriers, des propriétaires,
des soldats, des nomades, de la canaille, je ne don-
nerais pas encore une idée suffisamment complète
de ce monde, si je ne montrais encore sa perpétuelle mobilité, sa constante agitation. Et pour
cela il faut parler du goût extrême des Persans
pour les voyages et de la façon dont ils peuvent
le satisfaire, et avant tout des raisons diverses
qui portent les différentes catégories de personnes
à se déplacer.

J'ai montré plus haut que l'action de l'autorité
était légalement limitée sur tous les points. Les
privilèges des moullahs, ceux des nomades, ceux
des marchands, ceux des corporations arrêtent
sans cesse aussi bien la volonté du roi que celle
des gouverneurs de province. Comme l'impôt ne
se perçoit en outre que sur les produits de la terre
et d'après des cadastres anciens, mal faits et souvent très au-dessous de l'état réel des cultures,
cet impôt est en somme fort médiocre, et ne constitue rien de gênant ni d'oppressif pour la popu-

lation, qui d'ailleurs ne paye ni pour l'exercice des professions, ni pour la propriété des maisons ou bâtiments, ni pour le bétail, ni pour la capitation, et qui ne connaît pas même de nom les contributions indirectes. C'est probablement à cet état de choses qu'il faut attribuer le bon marché extraordinaire des subsistances, bon marché tel qu'à Kirmanschah le blé se vend, en moyenne, cinquante sous les six cents livres, et qu'à Téhéran, le point de l'empire où tout est le plus cher, une famille de gens du peuple composée du mari, de la femme et de deux enfants, vit fort à son aise pour dix sous par jour. Il n'y a donc en Perse ni haine de classes, ni exaspération du pauvre contre le riche. Mais, à cette part de vérité favorable, il en faut ajouter une autre qui l'est moins.

Les fonctionnaires publics mourraient de faim, s'ils ne touchaient que le chiffre généralement trop modique de leur traitement, et cependant ils ne le touchent jamais. Il faut qu'ils s'ingénient à perpétuité pour rendre leur situation tolérable. Ils cherchent donc à extorquer des cadeaux des artisans et à prendre de l'argent des contribuables de la campagne. Ce sont surtout les gouverneurs des villes et des provinces qui sont en position de se livrer le plus avantageusement à ce genre de spéculation, et voici comment ils opèrent :

Ils envoient, dans le village qui doit payer son impôt, un mirza, un domestique ou un soldat, suivant l'importance de la localité; dans cette perception, outre l'État, créancier réel, le gouver-

neur et son mandataire doivent trouver aussi
leur compte. Dès que l'arrivant a exposé l'objet
de sa mission, le magistrat du village convoque
les chefs de famille, et à ces hommes importants
se joignent les enfants de la localité et leurs mères.
C'est au milieu de cette assemblée, très peu silencieuse et fort émue, que l'envoyé explique ses
prétentions. Rarement la première conférence se
termine sans qu'il y ait des coups donnés et reçus,
des barbes arrachées et beaucoup de gros mots
échangés. Les paysannes ne se gênent point pour
exprimer les opinions les plus sévères sur le compte
du gouverneur, de ses femmes, de ses filles et de
sa mère ; on n'oublie pas de brûler tous ses ancêtres
et on en fait autant pour la famille du messager.
Enfin, la séance se termine communément au
milieu d'un tumulte épouvantable, les hommes
jurant qu'ils ne donneront rien, et le percepteur
attestant tous les prophètes que le village sera
rasé et ses habitants bâtonnés jusqu'à ce que mort
s'ensuive.

Mais quand la nuit est un peu avancée et que
les passions ont eu le temps de se refroidir, le
chef du village, accompagné d'un ou deux hommes
prudents, se présente chez l'envoyé avec un pla-
teau de fruits et de thé ou parfois de l'eau-de-vie.
Il exprime son regret des déplorables scènes du
matin, et s'étonne qu'on ait pu manquer d'une
façon si répréhensible à un fonctionnaire de la
considération et du mérite de celui auquel il a
l'honneur de s'adresser. Tous ces compliments

s'échangent entre ces personnages déguenillés avec le même sérieux et la même abondance d'expressions fleuries que si deux courtisans étaient en présence.

Le mandataire fait le fier, mais on lui donne à entendre qu'il ne tient qu'à lui d'obtenir une part suffisante, pour peu qu'il consente à relâcher quelque chose de ses exigences en ce qui concerne son maître, et surtout en ce qui concerne l'État. Les négociations durent quelquefois huit jours et davantage. On se brouille, on se raccommode, on s'injurie, on se flatte, et enfin, voici généralement comment les choses se terminent. L'envoyé obient, pour lui-même, à peu près les deux tiers de ce qu'il avait exigé d'abord. A son retour à la ville, il faudra qu'il en abandonne une partie à ses supérieurs, et quelquefois l'intervention du bâton l'oblige à donner tout. Mais le fait est peu commun. Le gouverneur a ce qu'il demande, sauf une réduction assez faible. L'État touche le moins possible. Le chef du village ne paie rien, les familles qui ont des membres au service militaire sont exemptées de droit, les moullahs également, les domestiques de même ; ensuite on déduit ce qui a pu être dépensé dans l'année sous forme de prestations accidentelles, et ordinairement ce chapitre est d'une exagération monstrueuse. Conclusion : le village a payé beaucoup moins qu'il ne devait. C'est ce que m'expliquait un vieux paysan, qui ajoutait d'un air narquois : « J'ai deux cents tomans (2.500 fr.) cachés quelque part, et je défie

bien le roi, le gouverneur et tout le monde de m'en
arracher *un poul* (un liard). »

Malgré cette noble assurance, il peut arriver
qu'on ait affaire à un administrateur exception-
nellement rapace, qui, ne reculant pas devant les
dernières extrémités, veuille décidément obtenir
des villageois plus qu'ils ne sont disposés à accorder. Alors, ceux-ci vont trouver les moullahs et
les font agir, puis le propriétaire du village arrive
de son côté. Ces influences parviennent souvent
à tout accommoder. Mais si elles échouent, on
a recours au grand moyen : c'est d'abandonner le
village et de s'enfuir. Alors commencent les
voyages.

Comme il n'y a pas de route, comme il n'y a
pas de police hors des villes, comme les montagnes sont toujours assez voisines, aucune chance
n'existe de pouvoir empêcher les contribuables
récalcitrants de mettre leurs projets à exécution,
et le résultat en est infailliblement de diminuer le
revenu de la province, de sorte que l'État d'abord,
le gouverneur ensuite, enfin les percepteurs, n'ont
aucun intérêt à pousser les choses à l'extrême.
Pour les paysans, au contraire, ce résultat n'est
nullement aussi douloureux qu'on pourrait l'imaginer, en jugeant d'après nos usages. Les terres
n'ont pas de valeur en elles-mêmes, parce que
partout on en peut trouver, et il suffit du fait de
la mise en culture pour en être propriétaire. En
quatre ans, un sol inculte devient un jardin en
plein rapport. Une maison se construit en terre,

et le toit est supporté par huit ou dix poutrelles
de bois de peuplier. Huit jours de travail en font
l'affaire. Quant au déménagement (je suppose un
paysan riche), deux ou trois tapis, quatre ou cinq
coffres, composent le mobilier. Le villageois met
son argent dans sa ceinture, sa femme sur un âne,
le bœuf et le cheval portent le reste. On part le
soir, et le lendemain matin personne ne saurait
dire de quel côté on a tourné. Il est excessivement
rare qu'un village déserte en masse ; mais les déser-
tions individuelles sont fréquentes. Les gens des
campagnes n'ont pas l'esprit beaucoup plus séden-
taire que le reste de la nation, et lorsqu'ils ne sont
pas sujets d'une tribu, et par conséquent retenus
par les idées de classes, ils changent très volontiers
de résidence. Pour cette cause ou pour d'autres,
je n'ai pas vu dans l'Azerbeïdjan une seule agglomération dont la population ne fût nouvelle.
Partout, les paysans répondaient à mes questions,
qu'ils n'étaient établis dans le lieu où je les trouvais que depuis vingt, trente ou quarante ans.

On rencontre souvent des familles rustiques
circulant dans l'empire, quittant un lieu pour aller
s'établir dans un autre. Elles sont bien accueillies
par les nouveaux concitoyens qu'elles viennent
chercher, et qui sont bien aises de ces bras pour la
culture d'une terre toujours trop vaste.

Mais ces hommes en quête d'une résidence ne
sont que des voyageurs temporaires. Il existe une
classe d'êtres qui fait d'un déplacement constant
à peu près le but de sa vie. Ce sont les derviches,

qui, n'ayant le plus souvent d'autre occupation,
ne se bornent pas à parcourir la Perse, et vont, sans
hésiter, à Calcutta, à Constantinople, au Caire,
et cela d'autant plus aisément que leurs pérégrinations ne leur coûtent absolument rien. J'en ai
vu et pratiqué beaucoup, et je les tiens, en général,
pour très intéressants à connaître. Il y a sans doute,
parmi eux, bon nombre de vagabonds purs et
simples, mais çà et là on rencontre une perle :
et c'est assez pour leur donner de la valeur.

A pied, ou monté sur un âne, le philosophe
nomade se met en route, s'arrêtant où il veut pendant des mois, des années, ou traversant les villes,
sans que rien ni personne ne l'arrête ; dans les
déserts, il se joint aux caravanes ; dans les pays
où il croit n'avoir pas besoin de protection, il va
seul, et personne ne lui demande pourquoi. Un
ruisseau coulant entre deux pierres, avec un saule
au-dessus, lui paraît offrir un repos agréable ;
il s'y assied et y demeure tant que ce séjour lui
convient. J'ai rencontré aussi dans une masure
en ruines, aux environs de Reï, l'ancienne Rhagès,
un derviche venu de Lahore, qui passa là plusieurs
jours. Le lieu lui avait semblé agréable. Un matin
il disparut et je ne le revis jamais. Le but final
de son voyage était, disait-il, Kerbela. C'était
un homme d'une rare instruction, d'un langage
recherché et fleuri, connaissant beaucoup les
livres, ayant au moins soixante ans et l'expérience
de beaucoup de catastrophes qu'il avait heureusement traversées. Son élégance était tout intellec-

tuelle. Il était vêtu d'une robe de coton blanc
tombant en lambeaux, les pieds, la tête nus, les
cheveux flamboyants, la barbe grise en désordre,
la peau calcinée et sillonnée de rides, mais l'air
souriant et les yeux pleins de feu. Dans quelque
lieu que ces gens s'arrêtent, ils racontent aux habitants, qui bientôt les entourent, ce qu'ils ont vu
dans leurs pérégrinations, et les conclusions qu'ils
ont tirées de toutes choses. Souvent ils font grande
impression sur les esprits ; et comme la religion
est un des thèmes favoris de leurs entretiens et
qu'ils y sont très hardis, c'est à ces religieux errants
qu'il faut attribuer ce mouvement d'hérésies con-
tinuel dont le monde musulman est tourmenté,
surtout en Perse, et qui, à chaque moment, ra-
nime, réveille, renouvelle ou apporte les notions
de la théologie indienne au milieu de la loi du
Koran.

Il est aussi d'autres voyageurs qui, d'après les
idées européennes, paraissent plus dignes d'in-
rérêt ; ceux-là parcourent le monde oriental pour
s'instruire. Ils sont assez nombreux. Rien ne les
distingue extérieurement des derviches, si ce n'est
qu'ils ne vont point la tête nue et ne portent point
de longs cheveux. Ils sont peu curieux d'opinions
théologiques ou de méditations sur les choses
surnaturelles, ne s'occupent que des mœurs des
pays qu'ils parcourent et des curiosités de l'art
ou de la nature qu'ils peuvent y trouver. Le type
moderne de ces Hérodotes asiatiques était un certain Hadjy-Zeïn-Alabeddin, né dans le Schirvan

et mort il y a tout au plus sept à huit ans. Après avoir étudié sous différents maîtres célèbres, dont son père le savant Moullah-Iskender fut le premier, il se résolut à aller voir le monde de ses propres yeux et commença par courir la Perse, de l'ouest à l'est ; il visita Badgad, la Mecque et l'Arabie ; passa ensuite dans le Scyndhi, de là dans l'Inde, alla à Kaschemyr, traversa l'Afghanistan, le Tokharestan, le Badakheshan, le pays des Ouzbeks, les contrées de la Caspienne, retraversa le nord de sa patrie, l'Arménie, toute l'Asie Mineure, la Syrie et l'Égypte, erra dans la Turquie d'Europe ; après avoir séjourné à Constantinople, entra en Grèce, y passa quelque temps et de là s'embarqua pour la côte d'Afrique ; et vers 1825 ou 1826 il arrivait à Alger, alors indépendant. Il est remarquable que tous ces grands voyageurs s'arrêtent unanimement à la lisière des pays européens, qu'ils considèrent comme des terres barbares dont ils redoutent les périls, et qui n'excitent ni leur sympathie, ni leur curiosité.

De retour à Téhéran, après de longues années, il se mit à rédiger ses voyages et en composa trois différentes rédactions également fort rares.

Ce serait une erreur de considérer de pareils hommes comme des exceptions. Il n'est sans doute pas commun de voir des savants comme celui-ci laisser à la postérité le résultat de leurs découvertes. La paresse et la nonchalance des Orientaux s'y opposent dans la plupart des cas ; mais beaucoup veulent voir et vont voir, qui gardent pour eux

ce qu'ils ont acquis. Rien de plus vrai que le début
de plusieurs comptes des *Mille et une nuits* qui
montre le héros, attiré par l'amour des voyages,
abandonnant une position heureuse et tranquille
pour se livrer tout entier à ce goût. Burns rencontra
de même à Kaboul un homme du pays qui avait
écrit beaucoup toute sa vie, et était venu jusqu'à
Constantinople. Sa famille avait grand'peine à
l'empêcher de recommencer, car ce genre de vie
a des charmes que rien ne surpasse.

Mais la classe ambulante la plus nombreuse,
ce sont les pèlerins. J'en ai vu et entretenu un
grand nombre, hommes et femmes, arrivant les
uns de Kaboul, les autres de Kaschemyr, les
autres du pays de Dehly. Ils allaient pour la plupart à Kerbela, aux tombeaux des imams ;
presque tous étaient de pauvres paysans, de bonne
humeur, qui prenaient les jours comme ils venaient. Quant à la dépense que leurs courses néces-
sitent, j'ai eu l'occasion d'en juger. Un palefrenier
arabe calculait que pour se rendre de Téhéran à
Bagdad, de Bagdad à Bombay et de là revenir à
Bouschyr, cheminant à pied quelquefois, quelquefois montant sur les bêtes d'un muletier obligeant
et s'embarquant ensuite sur les bangalos du golfe
Persique, à condition de prêter la main à la ma-
nœuvre à l'occasion, il lui en coûterait, tout compris, environ deux tomans et demi, c'est-à-dire
de vingt-cinq à trente francs. Mais les pèlerins les
plus curieux que j'aie jamais rencontrés sont les
derniers dont je parlerai ici.

Je fus abordé, un jour, par deux hommes de taille médiocre, d'un noir bleuâtre, et maigres, et ayant, comme tous les gens du sud de l'Asie qui n'appartiennent pas aux races militaires, l'air riant, doux et soumis. Ils me parurent, au premier abord, être des Beloutches. Mais je me trompais ; car l'un d'entre eux se réclama auprès de moi de la qualité de Français, ainsi que son compagnon. Un peu surpris d'abord, car l'aspect de ces soi-disant compatriotes n'était pas propre à soutenir la validité de leurs prétentions, je fus bien vite convaincu de leur sincérité. Ils portaient de longs bonnets pointus en feutre, semblables à ceux des Ouzbeks. Bien qu'on fût au mois de juillet, ils étaient vêtus des lambeaux graisseux de ces longues robes fourrées en peau de mouton que l'on fabrique à Bokhara, et leur saleté dépassait non seulement tout ce qu'on peut voir, mais même tout ce qu'on peut imaginer. Explications faites, j'appris enfin que ces deux hommes, appelés l'un Kakscha et l'autre Mostanscha, étaient des Tamouls de Pondichéry. Ils prétendaient appartenir à la caste brahmanique et se donnaient pour agriculteurs. Dans leur opinion, le feu ayant créé toutes choses et ne pouvant dès lors être trop vénéré, ils avaient voulu faire acte de dévotion envers cet élément. Or, c'était une opinion courante parmi leurs compatriotes du pays de Pondichéry, qu'il existait quelque part dans le Turkestan un *Atesch-Kédéh* ou temple du Feu, d'une sainteté extraordinaire. De temps immémorial, l'usage d'y aller porter ses prières s'était maintenu, mais aucun de ceux qui avaient fait la route ne s'étant occupé de laisser le détail des pays traversés pour y arriver, personne ne savait autre chose de ce voyage, sinon que l'Atesch-Kédèh existait dans le Nord. Il paraît que ce renseignement suffisait aux fidèles ; car, après bien d'autres, Kakscha et Mostanscha s'étaient mis en chemin.

Ils commencèrent par aller à Bombay, par terre, et de là, traversant le Kotch, ils arrivèrent aux bords de l'Indus. Ils remontèrent le fleuve, tantôt en cheminant sur ses rives, tantôt dans les embarcations là où ils en trouvèrent et où on voulut bien leur donner le passage gratis. Ils parvinrent ainsi jusqu'à Peschawer et, s'étant informés, ils apprirent qu'on ne connaissait pas d'Atesch-Kédèh dans le pays, mais qu'il n'était pas impossible qu'il y en eût à Kaschemyr. Ils partirent pour Kaschemyr. Dans cette ville, on leur dit que le culte du feu était inconnu ou du moins n'avait point de sanctuaire dans la vallée ; mais qu'il était de notoriété publique que Balkh étant la mère des villes et ayant été fondée par Zerdescht ou Zoroastre, si un Atesch-Kédèh pouvait exister quelque part, ce devait être incontestablement là. Ils en tombèrent d'accord et partirent pour Balkh. Point d'Atesch-Kédèh ; c'était à Bokhara qu'il fallait se rendre pour s'en éclaircir. Ils y allèrent et trouvèrent enfin, non pas ce qu'ils cherchaient, mais des renseignements positifs. On leur affirma que le sanctuaire de leur croyance existait à Bakou, sur la rive occidentale de la Caspienne, dans le pays des Russes ; et, en effet, les feux perpétuels que la nature y entretient sont un objet constant d'adoration de la part d'une foule de sectaires.

Kakscha et Mostanscha reprirent leur route, sans avoir le moins du monde pensé à perdre patience, et s'acheminèrent vers Asterabad ; mais c'était justement dans le temps que le gouverneur actuel de cette ville, Djafèr-Kouly-Khan, faisait une campagne longtemps différée, et devenue indispensable, contre les maraudeurs turcomans ; de peur de tomber dans ce conflit et d'être faits esclaves d'un côté ou décapités de l'autre, les deux Tamoul se dirigèrent vers Mesched, et de là ils passèrent par Téhéran, où j'entendis leur histoire.

Je ne relève pas ce qu'il y a de singulier à voir le culte du feu et les Atesch-Kédèhs de la Perse en vénération sur la côte du Malabar et auprès de gens qui se prétendent de caste brahmanique ; je constate seulement que cela est, et c'est une des marques les plus fortes que j'aie jamais rencontrées de la diffusion, et je puis ajouter de la confusion des idées persanes avec les idées hindoues. Pour achever ce récit, les deux pèlerins voyageaient avec une petite tente basse en toile blanche où l'on pouvait s'asseoir deux, mais non se tenir debout ni se coucher. Ils possédaient deux vases de cuivre pour faire cuire leurs aliments ; car, circonstance particulièrement gênante dans une telle entreprise, il ne leur paraissait pas con-

forme à leurs devoirs religieux de rien manger
qui eût été préparé par d'autres mains que les
leurs, ce qui les privait naturellement des bénéfices de l'hospitalité commune. Leur mobilier
était complété par un de ces jeux autrefois assez
en vogue dans nos salons, et que l'on appelle un
baguenaudier. Ils y paraissaient fort habiles, et
les Persans prenaient plaisir à les voir faire. Ils
avaient mis quatre ans pour arriver à Téhéran
et prévoyaient, sans nul souci, qu'à leur retour
de Bakou, ils auraient à refaire exactement le
même chemin et à voir s'écouler le même espace
de temps avant que de rentrer chez eux. Lorsqu'on
leur eut expliqué qu'en passant par Ispahan et
Schyraz pour s'embarquer à Bouschyr, leur voyage
serait beaucoup plus rapide, ils ne parurent nullement touchés de cet avantage : un Asiatique
comprend difficilement l'utilité de se hâter. Enfin,
lorsqu'ils eurent passé une journée à répondre aux
questions des gens de la maison joyeusement assis
en cercle autour d'eux, et avec lesquels ils s'étaient
mis tout d'abord sur le pied le plus amical, ils
témoignèrent le désir de continuer leur route. On
leur demanda quelle aumône pourrait leur être
agréable et leur paraître généreuse, puisqu'ils
avaient refusé toute nourriture, le kalian et même
une tasse d'eau ; ils se firent un peu prier et enfin
répondirent que si, par l'effet d'une générosité
surhumaine, dont leur cœur conserverait à jamais
la mémoire, on voulait bien leur donner trente
schahys, ils se considéreraient comme comblés.

Trente schahys ne représentent pas tout à fait quarante sous.

Je pourrais multiplier les histoires de ce genre à l'infini : je n'en dirai plus qu'une seule, qui m'a été racontée par un homme aussi aimable que savant, M. de Khanikoff, alors consul général de Russie à Tébryz. Il vit un jour arriver devant lui une famille composée d'un vieillard, d'une vieille femme, d'un jeune homme de vingt ans, de sa femme encore presque enfant, et d'un nourrisson de quelques mois. Ils venaient se plaindre de ce que des gens de la ville leur avaient volé leur âne. Dans le cours de la conversation, ils racontèrent leur histoire. Ils étaient de Marghélan, petite ville du Khodjend, vers l'extrême frontière de la Chine. Le jeune homme avait fait le pèlerinage de la Mecque. Rentré enfin dans sa famille, après les premiers embrassements, il raconta toutes les merveilles de son voyage, et ce récit enflamma tellement l'imagination de tous, que père, mère et femme décidèrent qu'on partirait ensemble le soir même, pour ne pas mourir sans avoir vu des choses si extraordinaires ; et l'on partit.

C'est avec cette facilité, mais aussi cette patience, cette gaieté continuelle, cette curiosité douce, toujours portée à satisfaire celle d'autrui en se satisfaisant elle-même, que les Asiatiques circulent dans les pays les uns des autres, sans même savoir bien positivement où ils vont, ni souvent où ils sont. Les longs entretiens de tous les jours, de toutes les heures, où toutes les idées s'expriment, où tout se dit, où rien n'est considéré comme scandaleux quand la forme ne choque pas, exercent naturellement une influence irrésistible et donnent lieu à cette facilité de mœurs, à cette tolérance universelle dont l'Européen seul, avec ses opinions arrêtées, ses décisions tranchantes ou ironiques, est rigoureusement exclu, mais qui permet aux brahmanistes, aux musulmans, aux chrétiens, aux juifs arméniens de vivre pêle-mêle sans se choquer jamais, sauf les jours de crise politique.

CHAPITRE V

LES CARACTÈRES. — LES RELATIONS SOCIALES.

Je ne sais si, par les détails qui précèdent, j'ai suffisamment préparé le lecteur à comprendre que l'État persan n'existe pas en réalité, et que l'individu est tout. L'État ? comment pourrait-il être, lorsque personne n'en prend aucun souci ? La population, assez semblable, sous ce rapport comme sous beaucoup d'autres, à celle de l'empire romain, méprise ses gouvernants quels qu'ils soient, bons ou mauvais, déprédateurs ou bien intentionnés. Incapable de fidélité politique et de dévouement, pleine d'adoration pour le pays en lui-même, elle ne croit à aucun moyen de le conduire. Aussi tout le monde pillant sans honte comme sans scrupule, et profitant à qui mieux mieux des deniers publics, il n'existe en fait que peu ou point d'administration. La police qui se fait dans les villes est assez bien entendue, il faut le reconnaître, ne serait-ce que pour la singularité du fait. De

toute antiquité, les villes d'Asie connaissent et
pratiquent l'excellent système de surveillance qui
consiste à entretenir des gardiens de nuit dans
chaque rue. On n'entend pas de tapages nocturnes ; il n'y a pas de désordres publics. Mais, en
dehors de ce point-là, tous les autres sont réduits
à néant. Une partie de la population ne paye jamais d'impôt, soit que des privilèges abusifs que
rien ne justifie, sinon le long usage, aient légitimé
un prétendu droit, ou que, par de fausses mesures,
l'autorité royale l'ait consacré, ou enfin que simplement les contribuables, n'étant pas en humeur
de payer, chassent les percepteurs ou ne consentent pas à les recevoir. J'ai vu des villes se donner
cette position commode, et les gouverneurs n'y
pouvaient rien, faute de troupes, de ressources
ou de bonne volonté. Mais personne n'y prend
garde.

Autrefois, la viabilité était très perfectionnée
en Perse. Les rois sassanides avaient créé, dans
les provinces du Sud principalement, de magnifiques routes, des ponts, des caravansérails en
grand nombre. Les différentes dynasties musulmanes continuèrent ce système, et jusqu'à la
fin des Séfévys, dans le premier tiers du siècle
précédent, les travaux existants furent conservés
avec soin, et çà et là augmentés. Mais, depuis
lors, tout est détruit, tout a disparu. Dans l'empire entier, il n'existe plus un chemin, pas même
pour aller de Téhéran à la résidence d'été du souverain, qui en est à deux lieues. A la vérité, tant

que dure la belle saison, la nature du sol et la sé-
cheresse soutenue du climat permettent de s'en
passer en beaucoup d'endroits. L'habitude et
l'adresse font le reste.

Il y a encore quelques ponts, la plupart construits par des particuliers. Comme on ne les répare
point, il est d'usage de les économiser, en ne passant dessus qu'en cas de nécessité absolue. Un
honnête voyageur me disait que c'était pécher que
d'user les ponts sans besoin. Un homme conscien-
cieux traverse à gué, et les caravanes n'y manquent
jamais.

Il n'y a pas de forteresses ; il n'y a pas d'arsenaux sérieux ; il n'y a pas un magasin public ;
l'administration, quant à son personnel, n'existe
que pour fournir à une partie nombreuse, il est
vrai, de la population, des prétextes pour vivre
aux dépens de l'autre ; l'armée cause plus de con-
cussions qu'elle ne rend de services. Cependant
elle est utile encore, car elle peut, dans bien des
cas, maintenir l'ordre, et surtout elle a puissam-
ment contribué à tenir en échec d'abord, à ruiner
ensuite la puissance des tribus nomades. Mais,
en somme, en disant du gouvernement de la Perse
qu'il n'existe pas, on n'exagère que de bien peu.

C'est cependant une idée reçue en Europe, qu'à
défaut de force réelle, ce gouvernement procède
au moins par mesures violentes et tyranniques qui
compromettent sans cesse le repos des sujets, et
ne permettent à personne de jouir de ses biens
acquis.

A part les jours où les passions sont surexcitées, je n'ai point remarqué que les Asiatiques, sauf les Osmanlys, les Ouzbeks, les Turcomans et les Afghans, fussent naturellement cruels. Ils sont peu scrupuleux en toutes choses, et leurs intérêts ne sont pas contenus par leur moralité ; mais ils n'ont pas de suite dans les idées, et, n'aimant pas d'ordinaire à pousser les choses à l'extrême, ils se montrent volontiers amis des moyens termes. J'ai vu, sans doute, commettre des injustices criantes, mais je n'ai guère vu l'injustice dépasser certaines bornes. Un gouverneur destitué est rarement entièrement dépouillé. On lui enlève, sous prétexte de rendement de comptes, une partie de ce qu'il a pillé lui-même ; puis on lui laisse de quoi acheter un autre poste et ce qui lui est nécessaire pour faire encore une assez bonne figure dans le monde. De même, ce gouverneur, spéculant sur un de ses subordonnés, a commencé par lui demander dix tomans, et s'est contenté de quatre. Voici comme se passent les choses en pareil cas. C'est la vertu du *tevessoul* qui accommode tout.

Le *tevessoul* est l'intervention d'un tiers dans toute transaction, de quelque nature qu'elle soit. Il n'est pas plus possible au roi d'agir pour ou contre un de ses serviteurs sans *vasiéh*, l'agent du *tevessoul*, qu'il n'est possible à un bon bourgeois d'acheter un cheval ou de terminer quelque affaire analogue en dehors de la même influence. C'est l'usage universel, chacun s'en trouve bien, chacun en veut, chacun s'y soumet. Aussitôt donc qu'un grand personnage, fût-ce le roi, a manifesté l'intention de commettre un acte d'oppression, un intermédiaire se présente. Quelquefois c'est un moullah en réputation, quelquefois le corps des moullahs tout entier, ou de riches marchands, ou le fils ou la femme de l'oppresseur. L'emploi de l'intermédiaire n'est jamais désintéressé ; en cas de succès, il prélève un droit sur la reconnaissance de son protégé. Il a donc toute raison d'agir sérieusement et avec force, outre l'idée qu'il veut laisser de son influence, et lorsqu'il s'agit du caractère asiatique, il faut tenir compte de tout ce qui touche aux questions d'amour-propre. C'est là un grand arcane. Comme en matière d'impôts, ainsi que je l'ai déjà décrit, et en toutes matières, on parle énormément, on se débat beaucoup des deux parts, on menace, on injurie, et, 99 fois sur 100, on finit par se départir des deux tiers de la première exigence ; et cette manie de ne jamais conclure comme on a commencé est telle, que lorsqu'un homme est condamné à mort pour crime d'assassinat, l'usage veut que le roi consente à lui faire grâce si quelqu'un vient lui offrir une somme d'argent quelconque, et le même usage établit que se porter intermédiaire en semblable circonstance, est une œuvre pie, quand même le condamné serait un scélérat notoire.

Il y avait, il y a trois ans, à Téhéran, un nommé Redjêb, natif de Tébryz, mauvais sujet, ivrogne, fanfaron, ayant déjà tué un homme dans une querelle, un louty de l'espèce la plus authentique.

Un soir qu'il traversait le bazar, il fut poursuivi
par les gardes de police, car il était complétement
ivre, et se montrer en public en cet état, c'est en-
courir la bastonnade et une amende. Il se sauvait
donc pour échapper aux serghesmêhs, ou, comme
on dirait chez nous, aux sergents. Au moment où
il franchissait un passage obscur, le malheur voulut qu'un pauvre moullah sortît précisément de
sa maison et se trouvât face à face avec Redjêb,
qui, la tête perdue, s'imagina que ce malheureux
voulait l'arrêter, tira son gâmâ et le frappa mor-
tellement. Dans l'espèce de lutte qui eut lieu alors, un
autre homme, étant survenu par hasard, reçut aussi
un coup, et le meurtrier, s'échappant, se réfugia dans
l'écurie d'une légation, sous le ventre d'un cheval
qu'il connaissait pour être celui du maître. C'est un
asile sacré, et qu'on ne peut violer en aucun cas.

Cependant il s'agissait d'un crime commun, et
Redjêb méritait très peu d'intérêt par sa conduite
antérieure. On lui fit donner l'ordre de sortir de
l'écurie. Mais il jura qu'il n'en ferait rien, et,
tenant son arme à la main, menaça de tuer qui-
conque voudrait mettre la main sur lui. L'affaire
devenait embarrassante pour la légation, et pouvait tourner mal, quand le chef de la police réussit
à persuader au meurtrier que quelques minutes
d'entretien à voix basse ne pouvaient lui nuire
dans tous les cas, et, étant entré dans l'asile, il
sut si bien persuader à son client qu'il aurait la
vie sauve s'il se livrait de lui-même sans bruit et
sans scandale, que Redjêb sortit.

Son procès ne fut pas long. Il fut condamné à avoir la gorge coupée suivant l'usage ordinaire, c'est-à-dire que le patient est étendu sur le dos, pieds et poings liés ; l'exécuteur lui relève la tête, lui tend la gorge de la main gauche, et de la droite la tranche vivement avec un couteau. Mais, dans le cas de Redjêb, la grâce était assurée, parce que plusieurs hommes de la cour s'étaient cotisés pour offrir sa rançon au roi, qui l'avait acceptée gracieusement. Tout le monde s'en faisait une fête. Le pauvre moullah assassiné était un séyd obscur récemment venu d'Ispahan, personne dans la ville ne le connaissait et ne s'intéressait à son sort.

Mais les choses ne tournèrent pas comme on l'avait attendu. Redjêb, se voyant mener au supplice, crut probablement qu'on l'avait leurré de fausses espérances. Nature peu patiente et prompte à s'enflammer, il entra tout aussitôt dans une violente colère, et commença à jurer et à blasphémer, brûlant les pères et les grands-pères du juge de police et de tous ses suppôts. Quand le cortège qui le conduisait arriva avec lui sur le Marché-Vert, ce fut bien pis. Le roi et toute sa cour étaient assis sur les créneaux de la forteresse pour le voir passer, et c'était là que la grâce souveraine devait, à la grande édification de la foule, faire tomber les cordes qui liaient le condamné. Mais il n'y eut pas moyen. Aussitôt, et du plus loin que Redjêb aperçut Nasreddin-Schah, il commença à l'apostropher à haute voix dans des termes dont l'éner-

gie dépassait de beaucoup le simple respect. Non
seulement il recommença à brûler le père, le grand-
père et les aïeux de son souverain, mais il se permit, sur des matières très délicates, des allusions
tellement révoltantes et si peu voilées, qu'un signe
ordonna aux exécuteurs de poursuivre leur route
et d'aller faire leur devoir. Ce qui eut lieu, et avec
des aggravations dont je fais grâce au lecteur.

En cette occasion, les intermédiaires ne réussi-
rent pas ; mais on voit que ce ne fut pas par leur
faute et qu'il fallut une circonstance tout à fait
inattendue pour empêcher leur action de s'exercer
avec un plein succès, ce qui a lieu le plus ordinairement, et j'en citerai deux exemples que je crois
frappants.

A l'occasion de la guerre avec l'Angleterre, le
gouvernement persan prétendit tirer des marchands quelques ressources pour faire face aux
dépenses. Cette idée n'avait en elle-même rien de
bien tyrannique, surtout si l'on se rappelle ce que
j'ai dit plus haut, que la classe trafiquante, assurément la plus riche de l'État, ne prend absolument aucune part aux charges publiques, et ne
connaît le fisc que pour les droits de douane uniquement. En outre, la somme que l'on prétendait
répartir sur tous les négociants de l'empire était
loin d'être exorbitante. Mais, comme il faut toujours que dans toute combinaison asiatique il y
ait un côté qui pèche au point de vue raisonnable,
on n'imagina le projet qu'au moment où la paix
allait se signer, et on ne donna des ordres pour la

perception que lorsque les troupes s'en revenaient,
ce qui n'empêcha nullement les autorités, à Téhéran et dans les principales villes, d'animer le zèle
et la générosité de la classe marchande par la peinture rembrunie des dangers que courait la religion
de la part des infidèles, du besoin qu'avaient les
invincibles guerriers de l'Iran de cet argent qui
allait les mettre en état de redoubler de prodiges,
et, enfin, des mérites extraordinaires que les dona-
teurs ne pouvaient manquer de s'acquérir par
leur généreux patriotisme.

Cette dernière considération ne produisit pas
plus d'effet que les deux premières ; partout les
gens de négoce, tout en protestant de leur dévouement à la foi, déclarèrent que la coutume et les
lois ne les obligeaient à aucun sacrifice, et que leur
intention était de n'en pas faire ; je dis intention
bien arrêtée, et ils le prouvèrent en se réfugiant
dans les mosquées, dans les villes où ils crurent
s'apercevoir que les agents du gouvernement
avaient le projet d'insister. D'après nos idées, une
classe entière de personnes, forcée d'abandonner
ses foyers pour courir chercher un asile contre
l'oppression dans les sanctuaires consacrés, présente assurément un spectacle bien lamentable.
Cependant, pour être dans le vrai et juger sans
emphase, il faut relâcher un peu de nos préjugés,
et voir les choses comme elles sont en réalité. Que
dirait-on en Europe d'un homme qui irait embrasser les autels afin de se dispenser de payer
vingt francs sur un capital de vingt mille, et qui

ferait retentir les rues de cris désespérés ? C'est
absolument ce qui avait lieu, avec cette différence
que ce même homme, qui nous paraîtrait un peu
plus que ridicule, est un sage aux yeux des Asiatiques ; il use de son droit, se défend justement,
et sera considéré dorénavant bien davantage,
comme ayant fait preuve d'infiniment d'esprit
et d'énergie, et surtout s'il réussit à débouter le
gouvernement de ses prétentions.

Le premier ministre et le roi ne furent pas con-
tents de la tournure que prenait l'affaire. Cependant on était déjà parvenu, dans plusieurs villes
de province, à toucher quelques faibles sommes
bien inférieures à ce qui avait été demandé, quand
tout à coup l'ordre fut retiré, et l'argent rendu à
ses propriétaires. C'est que les moüllahs s'étaient
entremis ; que des personnages de l'administration avaient eux-mêmes blâmé la mesure et en
conseillaient l'abandon ; enfin, ils donnèrent à
entendre que les marchands ne demandaient pas
mieux que de faire preuve d'attachement à telles
et telles personnes en leur présentant des cadeaux
convenables, si on voulait bien ne pas sortir de
l'usage séculaire, et les laisser tranquilles. Ainsi,
il y eut des intermédiaires payés, des protecteurs
payés, beaucoup de démarches, de cris, de gémissements, de déclarations et d'intrigues, et, bref,
la contribution ne fut pas levée. Dans une seule
ville, à Kazvyn, quelques violences furent essayées
par un gouverneur fort décrié, Hadjy-Khan ; encore le mal se borna-t-il à des coups de bâton indû-

ment appliqués, et le scandale fut grand cependant.
En définitive, grâce au *tevessout*, le gouvernement
fut réduit à la plus complète impuissance, comme
d'ordinaire.

Voici maintenant un dernier exemple de ce
tevessout s'interposant entre un malheureux et
la vengeance légale d'une famille.

Un certain Kambèr exerçait à Téhéran la profession de ferrach ou domestique du dernier rang.
Ce garçon était jeune, bien découplé, de jolie
figure, toujours élégant, très poli, extrêmement
poltron, et portant toutes sortes d'armes à la ceinture. Un jour d'été, que, dans le voisinage du campement de son maître, il jouait avec ses camarades
à se pousser et à se battre, comme on se trouvait
sur la place d'un village, il saisit en riant un couteau à l'étal d'un boucher, et en menaça son adversaire. Celui-ci, à son tour, prit une masse et
continua le jeu ; puis, tout à coup, se poursuivant
l'un l'autre, et par un faux mouvement, Kambèr
frappa son camarade dans les reins, et lui fit une
blessure assez grave d'où le sang jaillit en abondance.

Cet homme, nommé Aly, était depuis longtemps
fort malade de la poitrine. Soit que, dans tous les
cas, sa fin dût être prochaine, soit que l'accident
l'eût déterminée, peu de jours se passèrent, et il
mourut. Alors le père se porta partie contre Kambèr, et demanda, ou qu'on le lui remît pour le
tuer, ou qu'il eût à lui payer, à titre de composition
pour prix du sang, une somme de deux cents

tomans ou deux mille quatre cents francs. C'est
la loi stricte.

Kambèr, qui n'avait pas la moindre envie de
se voir à la disposition d'un vengeur, et qui était
parfaitement hors d'état de trouver nulle part la
somme demandée, prit la fuite, et se réfugia dans
le sanctuaire sacré de Schah-Abd-oul-Azym. La
partie le poursuivit, et, ne pouvant le saisir là où
il était, s'établit dans le village voisin, et jura de
n'en pas bouger jusqu'à ce que Kambèr, par misère,
par lassitude ou pour d'autres causes, se décidât
à quitter son refuge.

L'affaire faisait du bruit, quand il arriva que
le roi, sa mère et le premier ministre vinrent un
jour faire leurs dévotions à la mosquée où tout
ceci se passait. Sa Majesté interrogea le malheureux Kambèr, qui raconta son histoire et eut le
bonheur d'intéresser tout ce monde de puissants.
On remarqua qu'il était vraiment triste qu'un si
beau garçon et si jeune fût mis à mort ; que,
puisque Aly n'était plus de ce monde, c'était lui
rendre un faible service que d'envoyer son meurtrier le rejoindre ; qu'il était fâcheux pour le père
du défunt cependant de ne tirer aucune satisfaction de cette affaire ; mais, puisqu'en somme
il était évident que Kambèr ne possédait rien, -
il ne pouvait rien payer ; en conséquence de ces
réflexions, le roi l'assura de sa bienveillance et
lui dit de sortir librement, qu'il ne lui serait rien
fait.

Kambèr s'imagina que ces belles promesses

avaient plus d'apparence que de fond ; que le roi, une fois parti, ne penserait plus à lui, et que si son ennemi lui coupait la gorge dans un coin, tous ces hauts personnages qui lui disaient des choses si rassurantes ne seraient plus là pour empêcher le mal. Bref, il refusa obstinément de sortir de la mosquée. Ni prières, ni raisonnements, ni menaces ne purent l'y décider, et enfin le roi, se courrouçant de tant d'obstination, lui déclara que, puisqu'il ne voulait pas être sauvé par lui, il serait perdu, que désormais il prenait là vengeance d'Aly sur son compte, et séance tenante il donna l'ordre de tuer Kambèr s'il mettait le pied hors de la mosquée. On plaça des gardes partout, et voilà le misérable tenu en arrêt et par les hommes du père d'Aly et par les hommes de la police royale.

Alors, ne trouvant plus même que l'intérieur de la mosquée fût un asile assez sûr, il s'attacha avec une corde, par le cou, à la tombe de l'imam, et, pour ne pas avoir à s'éloigner une seconde de cette protection, la seule qui lui parût suffisante, il se réduisit à manger deux dattes par jour, ce qui le mit bientôt dans un état de faiblesse tout voisin de la mort qu'il se donnait tant de peine pour éviter.

On avait dit déjà deux fois qu'il n'était plus, et, de fait, il expirait presque, car cette diète durait depuis plusieurs jours, quand une veuve de haute considération, et fort riche, vint prier à Schah-Abd-oul-Azym. Elle vit Kambèr, étendu auprès

du tombeau. Elle s'intéressa particulièrement à
lui, paya au persécuteur les douze cents tomans
qu'il réclamait, obtint du roi la mainlevée de ses
poursuites, et emmena le malheureux chez elle.
Sa fortune était faite. Peu de temps après on voyait
Kambèr circuler dans les rues de la ville, monté
sur un beau cheval, habillé comme un prince,
frais et rose, en embonpoint raisonnable, se car-
rant dans l'emploi de domestique de confiance
de la *khanum* (la dame), et ne songeant pas plus
à la crise qu'il venait de traverser que si c'était
l'histoire d'un autre. La morale de ceci est qu'en
Perse tout le monde est disposé à se mêler de ce
qui ne le regarde pas, et par conséquent qu'une
affaire n'est jamais désespérée ; ce qui revient à
dire que l'omnipotence n'est au fond entre les
mains de personne, et parce que la fragilité de
toute chose y est grande, il n'y a pas plus de pau-
vreté définitive que de prospérité solide. S'il y
a infatuation chez les puissants, ce que l'extrême
légèreté du caractère national permet très facilement, il n'y a jamais désespoir chez les petits.
D'ailleurs les chutes et les misères ne sont pas
aussi profondes là qu'ailleurs, j'entends que personne ne se croit jamais réduit à cette triste alter-
native, ou de travailler nuit et jour ou de mourir
de faim, ou bien encore à cette position plus grave
de n'avoir pas de quoi travailler et de manquer
de tout. Les vivres sont à si bon compte, les loge-
ments si faciles, les indifférents si généreux, la
charité publique est si merveilleusement étendue

et si affectueuse, car il faut rendre à chacun ce qui lui appartient d'éloges, qu'elle donne sans compter et toujours et à tout le monde et ne songe pas à se payer, comme ailleurs, par la honte qu'elle impose à celui qui reçoit. Ceux qui demandent sont considérés comme en ayant le droit, parce qu'évidemment ils ont besoin, et on les prend sur ce pied-là. Aussi n'y a-t-il pas de faux mendiants. Rien n'oblige un homme à mentir pour obtenir ce que chacun est disposé à lui offrir. Dans une rue près de la citadelle de Téhéran, est établi un malheureux estropié de naissance. Il n'a pas de famille et il est sans ressources. Mais un menuisier lui a fait, gratis, une petite maison roulante très bien calfeutrée. Les femmes du voisinage ont fourni des matelas. Tous les matins, les voisins se présentent pour porter l'impotent de la chambre qu'on lui prête la nuit dans sa voiture, et à tour de rôle un des susdits voisins traîne l'établissement ambulant à sa place ordinaire. Les passants déposent à l'envi leur aumône. Aux fêtes publiques, les enfants lui apportent des assiettes de sucreries, et j'ai vu dans la carriole s'allonger et s'étager plus de présents de cette nature que chez nous des gens aisés n'en reçoivent de leurs proches. De cette absence complète d'inquiétudes sur les nécessités premières de la vie, il résulte que la nation persane est une nation très gaie, très insouciante, et qui a le plaisir en grande recommandation.

Je ne crois pas qu'il y ait de lieu au monde où l'on s'amuse plus continuellement que dans un

bazar de Téhéran, d'Ispahan ou de Schyraz. C'est
une conversation qui dure toute la journée sous
ces grandes arcades voûtées, où la foule se presse
perpétuellement aussi bigarrée que possible. Les
marchands sont assis sur le rebord des boutiques,
où les marchandises s'étalent avec un art d'expo-
sition que nous avons imité et perfectionné. Les
loutys coudoient la foule, le bonnet de travers,
la poitrine débraillée, la main sur le gâmà. Les
aveugles chantent. Un raconteur d'histoires s'est
emparé du chemin et hurle à pleins poumons les
douleurs ou les attendrissements ou les paroles
édifiantes d'un roman. Là, passent des Kurdes
avec leur turban énorme et leur physionomie
sombre et sérieuse. Au milieu d'eux se glissent,
semblables à des anguilles, des mirzas, l'encrier
à la ceinture, gesticulant comme des possédés et
riant à grands éclats ; dans leur marche préci-
pitée, ils tombent sur une file de mulets chargés
de marchandises, qui sont arrêtés à leur tour par
de longs chameaux venant en sens inverse. La
question pour la foule est de passer au milieu de
ce conflit ; ce qui est certain, c'est qu'elle y passe.
Un derviche avec ses cheveux épars, son bonnet
rouge brodé en soie de couleur de maximes édifiantes, le corps à demi nu, la hache sur le dos, et
faisant sonner une grosse chaîne de fer, s'entretient familièrement avec un moullah, marchand
de livres, ou un tourneur qui lui fabrique un tuyau
pour son kalian. Là-dessus passe un gentilhomme
afghan à cheval, suivi d'une troupe de ses sti-

pendiés. C'est la figure dure, sauvage, intrépide
des lansquenets ; et c'est aussi leur air débraillé.
Turbans bleus collés sur la tête, habits de couleur
sombre déguenillés, de grands sabres, de grands
couteaux, de longs fusils et de petits boucliers
sur l'épaule, de vrais pandours, et dans toute
cette cohue des troupeaux de femmes. Elles errent
deux à deux, quatre à quatre, très souvent seules,
toutes uniformément couvertes d'un voile de coton,
rarement de soie, gros bleu, qui les entoure depuis
le sommet de la tête jusqu'aux pieds. Le visage
est étroitement caché par une bande de toile
blanche qui s'attache derrière la tête, par-dessus
le voile bleu, et retombe devant jusqu'à terre, et
rend impossible d'apercevoir ni de deviner les
traits. Un carré brodé à jour à la hauteur des yeux
leur permet de voir très bien et de respirer à travers ce *rou-bend* ou *lien de visage*. Sous le voile
bleu appelé *tchader*, qui est surtout destiné à en-
velopper depuis la tête jusqu'aux genoux de la
personne, se met encore un vaste pantalon à pied
qui contient les jupes et qu'on ne revêt que pour
sortir. Ainsi calfeutrées, enfermées, les femmes
cheminent en traînant leurs petites pantoufles à
talons avec un balancement qui n'a rien de gra-
cieux et viennent s'accroupir au bas de la boutique
des marchands d'étoffes, faisant déplier des monceaux de pièces de toile, des soieries, des cotonnades, discutant, comparant, ne se décidant pas
et enfin se levant et s'en allant maintes fois sans
avoir rien acheté, comme cela se pratique dans

d'autres pays encore, et tout cela sans avoir sou-
levé le moindre bout de leurs voiles.

Et tandis que les marchands font assaut d'éloquence et de persuasion pour arrêter ces goûts si
incertains et si changeants, tous les propos et les
cancans de la ville débordent de boutique en boutique. Ici on parle politique et on blâme telle
mesure récente du gouvernement ou telle résolution qu'on dit imminente. On raconte ce qui s'est
passé la veille au soir ou le jour même dans le
harem du roi et le point exact où en est la discussion de telle khanum avec son mari. La chronique
scandaleuse court de bouche en bouche, peu voilée
et s'exagérant tous les quarts d'heure. On emprunte
de l'argent et on en prête. On retire telle pièce de
vêtement qui était en gage depuis six mois et on
va engager telle autre. On se querelle, on se menace, mais on ne se frappe pas, à moins de circonstances rares. C'est un tapage, des cris, des
rires, des gémissements, des poussées à faire tomber
les voûtes, et souvent aussi elles ne résistent pas.
Car, bâties en briques crues en beaucoup d'endroits
et cimentées à la grosse, elles s'écroulent avec
fracas, surtout aux approches du printemps, et
on ne peut nier qu'elles n'écrasent çà et là quelques
causeurs. Mais c'est un accident considéré avec
beaucoup de philosophie, et on ne voit pas que
personne en soit trop contrarié ni préoccupé.

Voici comment la journée d'un Persan se passe :
une grande partie dans les promenades au bazar,
une autre partie est donnée aux visites. Mais

avant de parler de cet emploi de la vie, il faut pourtant que je dise quelque peu de chose des femmes, ne fût-ce que pour ne pas laisser une lacune dans mon récit.

Les Persans, extrêmement réservés sur la partie féminine de leur propre famille, sont on ne peut plus goguenards à l'endroit des femmes qui ne leur sont pas parentes. Ils s'en donnent alors à cœur joie, et à les entendre on croirait qu'il n'y a pas de dames respectables dans l'Iran qu'autant qu'ils ont encore une mère, une femme et des sœurs. Sur toutes les autres, ils affichent non pas un scepticisme, mais, évidemment, une malveillance qui passe les bornes.

Sans m'arrêter à ces rapports, probablement empreints de beaucoup d'exagération, je dois dire que les femmes persanes se marient très jeunes Dans les familles aisées, le père exige ordinairement du fiancé trente tomans pour le prix de l'épouse, c'est-à-dire 360 francs, ce qui n'est pas énorme, et le plus souvent cette somme est employée par les parents à l'usage de la jeune femme. Il n'y a donc pas lieu de dépenser d'éloquence pour plaindre le sort d'une victime vendue par un père barbare. Avant la cérémonie nuptiale, il s'écoule souvent plusieurs mois pendant lesquels le fiancé n'est pas censé être admis à voir sa future à visage découvert ; mais, pour concilier sur ce point l'attitude que la coutume impose au père de famille et la légitime impatience du jeune homme, il est à peu près convenu que la mère de la jeune fille

veut à celui-ci tout le bien possible, et par faiblesse lui fournit des occasions d'aller et venir
dans la maison. Il en abuse et se livre à ce qu'on
appelle le *namzêd-bazy,* ou la *vie de fiancé,* le *jeu
de fiancé.* C'est-à-dire qu'il pénètre dans l'enderoun, saute par-dessus les terrasses, entre et sort
par les fenêtres, et souventefois passe la nuit en
tête-à-tête avec la jeune personne. On assure qu'il
n'en résulte aucun inconvénient, attendu que la
fiancée, qui n'ignore de rien depuis son plus bas
âge, suivant l'usage des femmes orientales, est
suffisamment prémunie dès longtemps contre la
mauvaise foi incontestable du sexe fort, et ne s'ex-
poserait pas à être abandonnée avant les noces.

D'ordinaire, les promis sont très jeunes ; l'homme
a de quinze à seize ans, la fille de dix à onze ans.
Mariés sur ce pied, on serait porté à croire qu'ils
n'ont pas assez de raison pour conduire un ménage;
mais la raison entrant peu en ligne de compte
dans les affaires persanes, on admettra, sans trop
d'indulgence, qu'ils sont déjà, sous ce rapport, à
peu près aussi avancés qu'ils le seront jamais : de
ce côté, il n'y a donc rien à dire. J'ai vu un ménage
composé du père, de la mère, de la femme et du
mari, livré à des angoisses extrêmes et tout le
monde pleurant, parce que la jeune femme, âgée
de quatorze ans, allait mettre au monde son pre-
mier-né. Le père déclamait contre sa femme, qui
l'avait porté à exposer sa fille à un aussi grand
danger. La mère perdait la tête d'inquiétude et
courait çà et là, hors d'elle-même. Quant au mari,

il s'était enfui dans un coin obscur pour échapper aux reproches qui pleuvaient sur lui de toutes parts et il pleurait à chaudes larmes. Quand les choses furent venues à bien par l'intervention des commères, il resta huit jours sans oser se montrer, et d'autant plus honteux qu'il avait désormais pour déposer contre lui un témoin bien vivant et bien portant.

Dans les hautes classes, cette sorte d'enfantillage existe moins en réalité, mais on l'affecte. Car, à sept ou huit ans, un garçon reçoit une femme pour avoir soin de lui. Elle est censée être sa femme, et, en effet, elle lui appartient par un lien légal. Si, plus tard, elle ne lui plaît pas, il la répudie. C'est donc l'intérêt de celle-ci de tâcher de se l'attacher de bonne heure par la reconnaissance qui se forme très vite, trop vite en pareil cas, et qui néanmoins n'en est pas un lien plus solide.

Arrivée à vingt-trois ou vingt-quatre ans, il est assez rare qu'une femme n'ait pas eu déjà au moins deux maris et souvent bien davantage, car les divorces se font avec une excessive facilité ; pas plus facilement toutefois que les mariages, car non seulement on les conduit sans beaucoup de cérémonies, mais on a encore imaginé de les faire à terme, pour un an, six mois, trois mois et beaucoup moins ; mais je n'ai pas besoin de dire que la considération publique n'a rien à voir avec ces sortes d'unions, qui sont jugées absolument comme on les jugerait en Europe. La différence est que rien ne fait scandale dans ce genre : la moralité

asiatique ne blâme que ce qui s'affiche en public,
et rien de ce qui se cache derrière les murailles de
l'enderoun, où tout est permis.

Cette extrême facilité de faire et de défaire les
alliances ne porte personne à avoir plusieurs femmes
à la fois. On peut dire que les exemples de polygamie sont rares, et constituent presque des exceptions. Il y a telles villes, comme Demavend, par
exemple, qui compte trois ou quatre mille âmes,
où je n'ai trouvé que deux hommes ayant chacun
deux femmes, et je dois dire qu'on ne leur en savait
pas gré. Je parle des musulmans ; car les nossayrys sont monogames. Ainsi, en admettant, comme
on l'a dit, que la polygamie soit nuisible à la population, ce qui est un peu difficile à croire quand
on voit les enfants de Feth-Aly-Sçhah donner à
la troisième génération une tribu d'au moins
cinq mille personnes, encore faut-il avouer que la
polygamie ne saurait être comptable de la dépo-
pulation de la Perse, puisqu'on peut dire presque
à la rigueur qu'elle n'y existe pas. Il arrive quelquefois qu'un Persan, changeant de ville de temps à
autre, aura une femme dans chacune de ces rési-
dences, mais ces cas sont aussi des exceptions.

Les femmes sont très rigoureusement cloîtrées
dans l'enderoun, en ce sens que personne du dehors,
aucun étranger à la famille n'y est admis. Mais,
d'autre part, elles sont parfaitement libres de
sortir depuis le matin jusqu'au soir et même depuis
le soir jusqu'au matin dans beaucoup de circonstances. D'abord, elles ont le bain ; elles y vont

avec une servante qui porte sous son bras un coffret rempli des objets de toilette et des parures nécessaires, et elles en reviennent au plus tôt quatre ou cinq heures après. Ensuite, elles ont les visites qu'elles se font entre elles et qui ne durent pas moins longtemps. Puis elles ont leurs invitations pour les naissances, les mariages, les anniversaires, les fêtes publiques et particulières qui se renouvellent incessamment, sans compter les simples réunions plus fréquentes encore. Elles ont encore les pèlerinages, auxquels elles sont fort exactes, et qu'elles ne voudraient pas négliger pour rien au monde. Il y a le pèlerinage de Schah-Abd-oul-Azym, à deux lieues de Téhéran, dans un joli village très ombragé d'arbres et peuplé de boutiques de toute espèce, où les élégants de la ville vont faire leurs galeries tous les vendredis. La population de ce lieu champêtre est fort hospitalière et tient à la disposition des dévotes non seulement le tombeau de l'imam, dont les vertus sont souveraines dans une foule de maladies, mais encore des chambres où l'on peut louer pour deux heures, pour une journée, pour une ou plusieurs nuits, à son gré. Il y a encore le pèlerinage de l'Imamzadèh-Kassem, dans le joli village de Tedjrisch, qui n'a guère moins d'attraits. Enfin, il y a surtout le pèlerinage de Byby-Scheher-Banou, *madame la patronne de la ville*, à trois heures de Téhéran, ermitage où se trouve le tombeau d'une grande sainte et où les femmes seules sont admises. Si un homme était assez osé pour pénétrer dans cette

enceinte sacrée, il n'est pas certain qu'il en fût
quitte à moins d'une mort instantanée. On passe
ordinairement huit jours dans cet asile révéré, et,
comme il est en grande réputation, on y vient de
fort loin. J'ai rencontré des caravanes de péni-
tentes, montées sur des mulets, sous la conduite
d'un ou deux domestiques, et qui arrivaient du
Mazenderân, c'est-à-dire de plus de quarante lieues.
Elles prenaient en grande patience les fatigues du
voyage et paraissaient s'amuser beaucoup.

Il ne faut pas oublier que toutes ces femmes sont
si exactement voilées et si semblables dans leurs
vêtements extérieurs, qu'il est impossible à l'œil
le plus exercé d'en reconnaître une seule. L'usage
de prendre un mari pour faire un voyage en pèlerinage à Kerbela ou à la Mecque, lorsque le vrai
mari ne peut accompagner sa femme, existe encore
en Perse ; mais, au retour, le mari par occasion
cesse de rien être dans la famille.

Enfin, en mettant même à l'écart les invitations,
le bain, les pèlerinages, les visites au bazar, les
femmes sortent quand elles veulent, d'autant plus
que les hommes restent très peu au logis, et elles
paraissent vouloir toujours sortir, car elles encom-
brent les rues en toute saison. A Dieu ne plaise
que j'en conclue rien de défavorable et que je pense
que cette perpétuelle locomotion, l'éducation très
libérale qu'elles reçoivent en certaines matières,
la persuasion où elles sont qu'étant des êtres im-
parfaits elles ne sauraient être responsables de
rien, enfin, l'incognito impénétrable qui les suit

partout, les induisent à rien de fâcheux. Les Persans le prétendent, mais ils sont si médisants ! et je n'en crois rien. Je me borne à trouver que cette licence sans liberté, cette absence complète d'éducation morale est d'un fâcheux effet pour les maris plus encore que pour les fèmmes, et leur ôte complètement, dès la jeunesse, le goût de la vie de famille et d'intérieur.

Les femmes sont absolument maîtresses dans ces maisons où elles restent si peu. Elles y sont servies par des domestiques des deux sexes, et on admet libéralement que l'enderoun peut rester accessible aux visiteurs qui n'ont pas plus de dix-huit à vingt ans. L'idée est bizarre chez un peuple qui se marie à quinze. Mais aucune inconséquence ne choque dans ce pays, et lorsqu'en particulier on fait remarquer celle-ci aux Persans, ils en rient de tout leur cœur et vous font là-dessus deux mille contes plaisants ; mais ils concluent bientôt sérieusement en disant que c'est l'usage, et peut-être celui-là même qui vient de vous apprendre tant d'histoires à ce sujet, va-t-il en vous quittant engager comme *ghoulambatjêh* un grand garçon qu'il mènera gravement chez lui pour servir ses filles.

Les femmes n'étant, comme je viens de le dire, responsables de rien, sont extrêmement colères et violentes. Le Prophète avait découvert qu'il leur manquait quelque chose dans l'entendement, et il s'empressa d'en conclure, comme elles l'ont trop bien retenu, que leurs faits et gestes n'avaient

pas de conséquence. Plein de cette idée, il déclara
même que le manquement le plus grave qu'on
peut avoir à leur reprocher devrait être prouvé
par quatre témoins oculaires. C'était à peu près
donner l'impunité au sexe faible et lui montrer
beaucoup d'indulgence. Les femmes persanes ont
pris le jugement du Prophète au pied de la lettre :
il y a plus de maris à plaindre qu'il n'y a de femmes
victimes. Elles ont surtout une tendance marquée
à faire usage de leur pantoufle, et cette pantoufle,
toute petite qu'elle soit, est construite en cuir très
dur et armée au talon d'un petit fer à cheval d'un
demi-pouce d'épaisseur. C'est une arme terrible,
dont j'ai vu les déplorables effets sur la figure
labourée d'un malheureux qui s'était attiré la
colère d'une petite dame de treize ans.

Mais je n'en dirai pas plus long pour ne pas
donner à penser que je calomnie les femmes de la
Perse, et surtout je dois positivement déclarer
qu'en ma qualité d'Européen je n'en ai vu aucune
et que je ne parle que par ouï-dire ; j'ajouterai que
les inductions vraies ou fausses qu'on voudrait
tirer de ce qui précède ne concernent, en aucune
façon, les femmes des nomades, et principalement
les femmes des nossayrys. Les premières ne se
voilent pas, travaillent beaucoup, montent à cheval,
se mêlent des affaires des tribus et ont une existence aussi sérieuse, aussi utile que les femmes
des villes l'ont frivole. Ce n'est pas auprès d'elles
qu'il faut aller chercher des renseignements sur
ces dernières. Leurs propos sont très peu flatteurs

à leur égard et elles les estiment médiocrement.
Quant, aux femmes des nossayrys, elles ne sont
pas soumises au divorce, ce qui donne aux unions
un caractère infiniment supérieur aux alliances
chez les musulmans. En outre, elles n'ont pas de
pèlerinages ; enfin, elles se voilent dans les villes,
mais seulement pour ne pas choquer les usages
reçus, et reçoivent chez elles tous leurs coreligionnaires sans aucun scrupule et à visage découvert.
Leur foi ne les considérant nullement comme des
êtres inférieurs, elles n'ont pas les bénéfices de
l'irresponsabilité, et, par conséquent, se tiennent
mieux. Enfin, chez les nossayrys il existe un esprit
de famille qui manque aux musulmans. Les mêmes
observations s'appliquent aux femmes des guèbres
et à celles des juifs.

Pour en revenir à la population des villes, ou,
comme on dit, aux Tadjyks, qui sont, la plupart,
musulmans ou soufys, ceux-ci et leurs femmes
passent la plus grande partie de leur temps hors
de chez eux. Les heures qui ne sont pas données
au bazar sont absorbées par les visites. Comme
partout ailleurs, il y en a de toutes sortes d'espèces, les visites de cérémonie, de convenance,
d'affaires, de plaisir.

Quand on veut aller voir quelqu'un, on commence, le plus souvent, par lui envoyer un domestique pour s'informer de ses nouvelles et lui faire
demander si tel jour, à telle heure, on pourra venir
le voir sans le déranger. Dans le cas où la réponse
est favorable, on se met en route et l'on arrive

au moment indiqué, qui n'est jamais très rigoureusement défini et qui ne peut pas l'être, vu la
manière dont les Persans calculent le temps. Une
heure après le lever du soleil est une bonne heure
pour aller voir quelqu'un, parce qu'il ne fait pas
encore trop chaud. Ou bien encore à l'*asr*, c'est-à-
dire, tout le temps de la troisième prière, dont,
par parenthèse, les Persans se dispensent très souvent. Quand quelqu'un doit venir à l'*asr*, on peut
l'attendre depuis trois heures de l'après-midi
jusqu'à six heures, et il ne se trouve pas en retard.
Comme le temps ne compte pour rien, être en
retard ne serait d'ailleurs pas un tort, ou bien c'en
est un que tout le monde partage.

On se met donc en route avec le plus de serviteurs possible, le djelodâr marchant devant la tête
du cheval, la couverture brodée sur l'épaule ; derrière le maître vient le kalyandjy avec son instrument. On chemine ainsi, au pas dans les rues et
les bazars, salué par les gens de sa connaissance,
donnant aux pauvres. Parmi ceux-ci il en est quelquefois d'espèce singulière. Ainsi un de mes amis
se vit un jour accosté par une femme dont le voile
tout neuf et le rou-bend d'une grande propreté
indiquaient l'aisance. Elle lui demandait un schahy
(un sou) d'une voix lamentable. Sur l'observation
qu'il lui fit, qu'elle ne semblait pas en avoir besoin,
elle lui répondit qu'en effet elle était riche, mais
qu'ayant un enfant malade, elle s'était réduite
pour ce jour-là à vivre de charités, afin d'obtenir
par son humilité la miséricorde céleste. D'autres

mendiants, d'espèce plus réelle, se lèvent tout droit sur votre passage, criant à tue-tête : « Que les saints martyrs de Kerbela et Son Altesse le Prophète et le prince des croyants (Aly) élèvent Votre Excellence jusqu'au comble de la prospérité et de la gloire ! » Quelquefois Son Excellence est un très simple bourgeois, qui n'en donne pas moins son aumône, et qui en est remercié par une prosopopée digne de l'exorde. Si le passant est un chrétien, le mendiant ne souffle pas mot du Prophète ni de son monde, mais invoque à grands cris les bénédictions de Son Altesse Issa (Jésus) et de Son Altesse Mériêm (Marie), sur le magnifique seigneur, la splendeur de la chrétienté, qui viendra sans nul doute au secours du plus petit de ses serviteurs.

On arrive enfin à la porte où l'on doit s'arrêter et l'on met pied à terre. Les domestiques marchant en avant, on pénètre par différents couloirs toujours bas et obscurs, et souvent on traverse une ou deux cours, jusqu'à la maison. Êtes-vous d'un rang supérieur, le maître du logis vient lui-même vous recevoir à la première porte. En cas d'égalité, il vous envoie son fils ou l'un de ses jeunes parents. Alors a lieu un premier échange de politesses : « Comment Votre Excellence ou Votre Seigneurie a-t-elle conçu la pensée miséricordieuse de visiter cet humble logis ? » De son côté, on répond, en s'exclamant sur l'excès d'honneur qui vous est fait : « Comment daignez-vous ainsi venir au-devant de votre esclave ? Je *tire*

une confusion inexprimable ; je suis couvert de
honte par ces excès de bonté. »

En devisant ainsi, on arrive jusqu'à la porte
du salon où l'on doit entrer. Ici on fait assaut de
civilités pour ne pas passer le premier. Le maître
vous affirme que vous êtes chez vous, que tout doit
vous obéir dans cette pauvre demeure ; vous vous
défendez avec modestie, vous jurez d'être résolu
à n'en rien faire, puis vous quittez vos chaussures, votre hôte en fait de même, et vous entrez.

Vous trouvez généralement réunis tous les
hommes de la famille, qui sont là pour vous faire
honneur. Ils se tiennent debout, rangés contre le
mur. Ils s'inclinent à votre arrivée et vous répondent par un salut général. Puis le maître vous mène
dans un coin de la salle, où il veut vous faire asseoir
au haut bout, ce dont vous recommencez à vous
défendre avec un surcroît de protestations. L'assistance sourit à cet aimable combat, qui prouve,
de la part des deux acteurs, une excellente éducation. Enfin, vous prenez place et votre hôte également. Sur votre prière, ce dernier fait un signe
à son monde, qui remercie et s'asseoit de même.
Quand chacun est casé, vous vous tournez d'un
air aimable vers votre hôte et vous lui demandez
si, grâce à Dieu, son nez est gras. Il vous répond :
« Gloire à Dieu, il l'est, par l'effet de votre bonté !
— Gloire à Dieu ! » répliquez-vous.

Ensuite, vous vous inclinez vers le plus proche
voisin, dont le rang d'ordre indique assez les droits
particuliers à la considération, et, de la même

manière, vous vous enquérez si, grâce à Dieu, sa santé est bonne. Sur une réponse qui est toujours affirmative et accompagnée d'un *gloire à Dieu*, d'un *par l'effet de votre faveur*, vous passez à un troisième et ainsi de suite, tant qu'il y a d'assistants, ayant soin toutefois de nuancer votre question de manière à marquer une différence décroissante d'empressement, à mesure que vous descendez vers ceux qui sont placés le plus près de la porte. Là, vous ne faites plus guère de question, et une inclination aimable suffit.

Cette cérémonie ne laisse pas que de durer quelque temps. Quand elle est finie, vous revenez à votre hôte, et il n'est pas mal de lui redire avec un air de tête tout à fait caressant, et comme si vous ne l'aviez pas vu depuis quinze jours : « Votre nez est-il gras, s'il plaît à Dieu ? » Ce à quoi il réplique du même ton : « Il l'est, grâce à Dieu, par l'effet de votre miséricorde ! » J'ai vu répéter la même question trois et quatre fois de suite par des gens très polis, et j'ai entendu citer avec éloge l'exemple du feu imam Djumê ou chef de la religion à Téhéran, qui, lorsqu'il allait chez quelques grands seigneurs, ne manquait jamais de demander des nouvelles de leur nez, non seulement aux maîtres du logis, mais encore à tous les domestiques, et ne remontait pas à cheval sans s'être assuré de la façon la plus aimable que le nez du soldat en faction à la porte était tel qu'on devait le désirer. Pour ce motif, ce grand dignitaire ecclésiastique était si populaire et si chéri de

tout le monde, que sa mémoire est encore
vénérée.

Enfin, après l'épuisement de cette question, il y
a un moment de silence, et le maître de la maison
y met fin en observant d'une façon générale qu'il
est à remarquer que le temps médiocrement beau
la veille est subitement devenu admirable, ce qui
ne saurait s'attribuer qu'à la fortune étonnante
de Votre Excellence. Les assistants ne manquent
pas de relever la profonde vérité de cette observation, et quelqu'un se trouvera là pour dire que
ce qui est excellent rend excellent tout ce qui
l'approche ou l'entoure ; que l'homme éminent
en perfection doit être également entouré de per-
fections éminentes, et que partout où paraît Votre
Excellence on ne saurait s'étonner de voir aussitôt
régner l'équilibre complet des choses et le dernier
degré du bien. Cette proposition soulève encore
plus d'assentiment, et ce serait malheur qu'elle
ne fût pas appuyée par une citation de quelque
poète.

On peut se confondre en démonstrations d'humilité, et il n'y a pas d'inconvénient à le faire.
Mais il est mieux de répliquer que le temps ne
s'est vraiment mis au beau que du moment où
votre hôte a accepté votre visite, que ce n'est
donc pas votre fortune, mais bien la sienne qui
montre ici son ascendant, et, d'autant mieux,
qu'un peu souffrant en montant à cheval, vous ne
l'avez pas plus tôt aperçu que vous vous êtes trouvé
admirablement bien. Là-dessus, profitant du brou-

haha qui s'élève pour applaudir au tour que vous avez donné à la conversation, vous amenez une anecdote qui ne manque jamais de porter les heureuses dispositions de l'assemblée à son comble. Votre hôte vous serre la main avec gratitude, vous lui serrez les mains avec tendresse, et là-dessus le kalian, le thé, le café, les sorbets circulent.

Je ne veux pas absolument faire l'éloge de cette manière excessive de comprendre la politesse ; mais j'ai cru m'apercevoir que, spirituels comme sont les Persans, ils savaient facilement donner à tous ces compliments un peu exubérants une tournure qui allait à la plaisanterie ; que de proche en proche, de ce terrain d'exagération, il sortait assez souvent des saillies et des mots qui ne manquaient ni de finesse ni d'agrément, qu'à force de subtiliser sur des absurdités, on rencontrait parfois des choses très spirituelles, et enfin que, dans des occasions et avec des gens qui rendaient difficile ou impossible un entretien raisonnable, toutes ces conversations-là étaient, en définitive, moins plates, beaucoup plus animées et plus gaies que la conversation qu'on appelle chez nous de la pluie et du beau temps, bien que le fond en soit le même. Le plus grand mérite consiste donc dans la broderie, tout extravagante qu'elle soit, et peut-être parce qu'elle l'est.

Je n'ai pas besoin d'ajouter qu'entre personnes qui ont quelque chose à se dire, ces formules se simplifient tout de suite ; cependant, même d'ami à ami, l'extrême courtoisie subsiste toujours, et

cela dans toutes les classes de la société. J'ai vu
des portefaix et des paysans se parler avec des
égards qui semblaient bizarres pour nous. Les
nomades seuls s'en dispensent. Aussi les Tadjyks
les considèrent-ils comme des gens grossiers et
indignes de vivre. Mais, je le répète, si, dans une
réunion d'amis qui s'assemblent pour se réjouir,
on ne se fait pas de ces interminables compliments, celui qui vous parle est toujours *votre esclave ;* s'il a un bel habit ce jour-là, c'est toujours
par l'effet de votre bonté, et s'il dit quelque chose
qui plaise à la société, c'est par suite de votre
miséricorde.

J'ai vu dans un dîner Ryza-Kouly-Khan, ancien gouverneur du frère du roi, ambassadeur à
Bokhara, historiographe, grammairien et poète
excellent en persan littéraire et en dialecte. C'est
un des hommes les plus spirituels et les plus
aimables que j'aie rencontrés dans aucune partie
du monde.

Avec lui se trouvait Mirza-Taghy, qui prend
dans ses poésies le nom de *Sepèr* (la Sphère), et
qui a reçu par décret royal le titre honorifique de
Lessan-el-Moulk, la langue de l'empire, personnage très savant et aussi fort aimable, mais moins
homme de cour que Ryza-Kouly-Khan. Il est
moustofy ou conseiller d'État et également historiographe de l'empire.

Il y avait encore le prince afghan Myr-Moham-
med-Elèm-Khan, neveu du feu souverain de Kandahar, jeune homme de vingt-quatre ans, d'une

beauté remarquable, d'une rare distinction de formes et d'esprit, et sachant beaucoup.

Enfin, deux lieutenants afghans du prince, dont la physionomie soldatesque et rude, le sourire un peu sauvage, faisaient contraste avec les manières grandes et nobles de leur chef, la gravité docte et administrative de Lessan-el-Moulk et les façons légères et riantes de Ryza-Kouly-Khan.

Comme pendant à ces convives excentriques nous n'étions que deux Européens.

En se mettant à table, on tomba d'accord que toute cérémonie gênante serait bannie et que ceux qui voudraient manger avec leurs doigts auraient pleine liberté. Cette faculté était précieuse pour la grande majorité des convives, qui n'avait jamais vu d'instruments pareils à nos fourchettes. Les deux naybs afghans les regardaient avec l'intrépidité qui convenait à des hommes aussi braves, mais n'avaient pas l'air de comprendre qu'on pût sans péril s'enfoncer ainsi quatre pointes aiguës dans la bouche. Un d'entre eux déclara même, qu'à part cette préoccupation, ce que l'on ne mangeait pas avec les doigts était sans saveur et ne devait causer aucun plaisir. Chacun d'eux se mit à traiter son assiette suivant sa mode, sauf Lessan-el-Moulk, qui s'attacha à la mode européenne et s'en tira fort bien, malgré les railleries de ses amis.

Pour détourner un peu l'attention qui s'absorbait sur lui et mettre fin à l'éloge qu'il avait entrepris des usages culinaires de l'Europe, il prétendit que deux choses l'avaient toujours surpris.

La première, c'est que des nations si intelligentes n'eussent pas de théologie, ce qui assurément constitue la plus belle et la plus élevée des sciences ; la seconde, que notre musique, au cas où l'on pourrait appeler ainsi le bruit irrationnel de nos instruments, fût si insignifiante et si bornée dans ses effets.

Quant au premier reproche, il n'y avait à répondre que des assurances du contraire, qui ne trouvèrent pas beaucoup d'assentiment, parce que les Asiatiques n'ayant guère vu, en fait d'Européens, que des gens fort peu instruits en matière de religion, croient volontiers que ces spécimens représentent une ignorance commune à tous leurs compatriotes. D'ailleurs ce n'était pas le moment de traiter des sujets de cette nature. Quant à la musique, on affirma à Mirza-Taghy qu'il se trompait et que c'était chez nous un art aussi cultivé qu'admiré.

— Mais, dit-il, produit-il sur les auditeurs une sensation forte et puissante ? Car on ne peut juger de l'influence d'un art que par les effets qu'il exerce sur les hommes.

— Assurément, lui répondit-on.

— Mais encore, qu'entendez-vous par ces effets?

— Une impression profonde ; tantôt un attendrissement qui va jusqu'aux larmes et d'autres fois une émotion d'angoisse et de terreur telle qu'un fait réel aurait peine à la faire plus grande.

— Pour nous, répliqua Mirza-Taghy, nous connaissons tout cela et notre musique nous l'inspire ;

cependant ce n'est pas encore ce qui pourrait
donner une juste idée de sa force et de sa puissance. Car les hommes sont des créatures intelligentes, et leur imagination, étant une fois excitée,
peut d'elle-même contribuer beaucoup à s'ébranler.
Mais voici, par exemple, ce que nos musiciens
savent faire. J'avais un ami qui possédait un trou-
peau de chameaux très beaux et très forts ; il avait
l'habitude de les louer aux marchands pour le
voyage de Yezd. Cet ami était, en outre, habile
à jouer de la flûte. Quand il voulait montrer son
savoir-faire, il renfermait pendant trois jours ses
chameaux dans une étable sans leur donner à
boire, et le quatrième jour au matin il ouvrait la
porte. Aussitôt les bêtes altérées sortaient en foule,
et se précipitaient vers un ruisseau qui coulait à
peu de distance. Alors il tirait sa flûte et se mettait
à jouer. Les chameaux s'arrêtaient immédiatement, tournaient la tête de son côté et, revenant
sur leurs pas, l'entouraient, le cou tendu, et semblaient éprouver un plaisir extrême. Il cessait de
jouer, les chameaux couraient vers l'eau. Il recom-
mençait, ils oubliaient de boire et revenaient vers
lui, et ainsi de suite jusqu'à ce que, prenant pitié
d'eux, il les laissait aller.

— N'est-ce que cela ? s'écria le serdar. Nous
avons de notre côté des hommes bien autrement
habiles, et votre récit me remet en mémoire un
de nos musiciens qui était au service de l'empereur
de l'Inde Schah-Djéhan. Un jour que ce prince
se promenait avec sa cour dans les environs de

Malwa, il donna l'ordre au musicien de jouer du
târ. Celui-ci prit son instrument et en toucha les
cordes avec une telle délicatesse que non seulement
les courtisans se mirent à pleurer, mais un gros
rocher, contre lequel Schah-Djéhan était assis,
s'amollit visiblement à la vue de tous et apparut
tout en eau. L'empereur lança alors son collier
de perles vers cette roche si sensible et les perles
s'y incrustèrent.

— Quoi ! s'y incrustèrent ? s'écria-t-on.

— Elles y sont encore, dit le prince sans s'émouvoir.

— En ce cas, fit observer Riza-Kouly-Khan, il
faut avouer que le récit de Son Altesse est le grand-
père de celui de Lessan-el-Moulk. Mais puisque
nous sommes à parler de choses extraordinaires,
permettez-moi de vous raconter une aventure dont
j'ai été en quelque sorte le témoin et dont je puis
vous garantir l'authenticité. J'ai passé ma première jeunesse à Schyraz et il y avait, il y a peut-
être encore dans cette ville un homme appelé Souleyman, très connu de tout le monde comme un
grand mangeur de beng, ce qui est, ainsi que vous
le savez, une préparation enivrante de chanvre.
Ce personnage, étant un jour au bain, entendit une
voix tonnante qui criait : « Djebraïl ! Djebraïl ! »

« Souleyman reconnut aussitôt que c'était Dieu
très haut et très grand qui appelait l'archange
Gabriel (que le salut soit sur lui et la bénédiction !).
Djebraïl répondit aussitôt : « Qu'y a-t-il ? — Va
« me chercher Souleyman », répondit la voix.

« Aussitôt Souleyman se sentit enlevé avec une force extraordinaire. La voûte du bain se fendit, il traversa les airs en un clin d'œil et avec la même rapidité il fendit le premier ciel, le second, le troisième, le quatrième, enfin jusqu'au trône de Dieu, où l'archange, qui le portait sur ses épaules, s'arrêta devant un grand rideau. Je vous laisse à penser si Souleyman frissonnait de tous ses membres.

« Qu'est-ce que tu m'apportes là ? s'écria la voix « avec un accent terrible.

« — Vous m'avez demandé Souleyman, repartit « l'archange, je vous l'amène.

« — Eh ! animal, répondit la voix, je t'ai de- « mandé Souleyman, fils de David le prophète, et « non pas cet imbécile dont je n'ai que faire. »

« Djebraïl, mécontent d'être ainsi réprimandé, remua l'épaule, et Souleyman, fils d'Aga-Djéhan-Khan, tombant à travers les cieux, vint donner du nez en terre très rudement au milieu du bain.

« On s'empressa de le relever et on lui demanda ce qu'il avait à se jeter ainsi par terre, car son nez saignait de la force du coup.

« Ah ! musulmans, s'écria-t-il piteusement, quand « Djebraïl (que le salut soit vers lui et la bénédic- « tion !) viendra vous chercher, ayez bien soin de « lui demander s'il ne se trompe pas de personne ; « car, en cas d'erreur, voyez comme il vous ren- « voie ! »

Lorsque les histoires de cette espèce furent épuisées, Mirza-Taghy nous fit voir des preuves

merveilleuses de sa mémoire. Pour l'éprouver on
lui demanda s'il savait quel était le poids de l'armure de Goliath, car on venait de parler du Pentateuque, et c'est un livre que les musulmans ne
lisent guère. Il ne sourcilla pas et le donna immédiatement avec les fractions en mesure persane.
Calcul fait, il ne s'était pas trompé d'un grain.
Justement fier de ce succès et des éloges qu'il en
recueillait, il raconta aux deux naybs afghans
émerveillés, que Pharmoun avait été le premier
padischah des Français, que Dakoupèr, dans lequel
nous reconnûmes sans peine Dagobert, avait
régné tant d'années, et qu'il avait écrit toutes les
actions de ces monarques sans en manquer une
seule. Ce qui est rigoureusement vrai.

Là-dessus quelqu'un dit aux naybs : « Vous êtes
des gens aimables, vous autres Afghans ; mais ne
trouvez-vous pas que vous jouez un peu facilement de ces grands couteaux que vous avez là à
la ceinture ?

— Jamais sans cause, répondit le plus jeune
d'un air convaincu. Ainsi, par exemple, ajouta-t-il
en mettant la main sur l'épaule de son collègue,
voilà mon ami ! Mais, si je m'apercevais que le
serdar eût plus d'amitié pour lui que pour moi, son
affaire serait bientôt faite. »

Je pris la morale de cette phrase pour moi,
parce que je n'avais invité qu'un des naybs à
dîner, et le serdar, avec beaucoup plus de sagesse,
les avait amenés tous les deux, ce dont je l'avais
remercié. Mais il en ressortait que, sans y penser

le moins du monde, j'aurais pu, cette fois, occasionner mort d'homme. Les poignards de ces messieurs n'étaient pas des armes de parade. Ils avaient la mine d'avoir servi.

L'observation du jeune lieutenant fut très bien prise par le vétéran son camarade, qui en rit beaucoup et qui partit de là pour nous faire aussi son petit conte afghan.

« Il y a trois ou quatre ans, dit-il, un officier anglais vint déguisé à Kandahar avec des lettres de recommandation pour le prince. On le reçut très bien. Suivant l'usage des Anglais qui viennent chez nous, il se faisait passer pour Arabe, et, en effet, il prononçait un peu le persan, comme les hommes de cette nation. Il était un soir, après dîner, chez un chef qui l'avait invité, et buvait le café, assis sur l'extrême bord de la terrasse. Un Afghan entre, marche droit à lui et le frappe d'un coup de sabre sur la tête. L'Anglais tombe dans la rue.

« Qu'as-tu fait là ! dit le chef ; c'était l'hôte du « prince.

« — Ma foi, je n'en savais rien et j'en suis fâché. « Dites que j'étais ivre. Mais tenez, non, dites la « vérité, il y a moins de mal à tuer un Anglais qu'à « boire du vin. »

L'histoire fut jugée très afghane, mais un peu sauvage, et les deux Persans, surtout, la trouvèrent trop dénuée d'agréments. La soirée se passa ainsi et ne nous parut pas longue. Je souhaite qu'il en soit de même du récit que j'ai fait et par lequel

j'ai voulu seulement donner une idée de la conversation des Persans.

J'ai nommé à cette occasion deux hommes qui
ont non seulement de l'esprit, mais encore une
sage instruction et un talent réel. Je ne crois pas
qu'il y ait en Perse, à cette heure, de savants plus
remarquables et plus consommés dans l'histoire
de leur pays. L'un, Riza-Kouly-Khan, a remanié
complètement les grandes chroniques indigènes
et les a continuées jusqu'au jour actuel. Il est
très fâcheux que de tels ouvrages soient toujours
composés par l'ordre et aux frais du roi, qui,
naturellement, exige que le récit prenne un peu,
en ce qui le concerne, la marche et le ton d'un
panégyrique. Cette contrainte gâte les annales
contemporaines. Cependant le travail de Riza-
Kouly-Khan est une production remarquable et
de valeur. Cet écrivain a publié en outre des poésies en grand nombre, une relation de son ambas-
sade à Bokhara, et il vient d'achever un recueil
complet de la vie des poètes anciens et modernes
de la Perse, ouvrage très volumineux et qui contient la plus grande somme de documents que l'on
ait jamais recueillis sur cette matière.

Lessan-el-Moulk est aussi un homme hors ligne.
Il s'est chargé d'une compilation vraiment gigantesque. C'est de réunir en un seul corps l'histoire
universelle d'après les documents de tous les peuples, et il s'agit de faire concorder ces matériaux.
Une heureuse ignorance de toute critique peut seule
rendre un tel travail possible. Mais il n'en faut

pas moins une force réelle d'esprit pour concevoir
et garder surtout un plan si immense ; et, à la
manière dont les Asiatiques écrivent l'histoire, en
tenant compte de toutes les anecdotes grandes et
petites aussi bien que des faits les plus capitaux,
il est nécessaire que l'écrivain ait une mémoire
semblable à celle que Lessan-el-Moulk, comme on
l'a vu, possède à un degré merveilleux. Deux volumes in-folio ont déjà été publiés.

Lessan-el-Moulk est poète autant qu'érudit, et
il a de la réputation sous ce rapport comme sous
l'autre. En outre, c'est un rédacteur admirable
de pièces officielles, genre de littérature on ne peut
plus goûté en Perse. Un beau firman qui confère
au nom du roi telle ou telle charge à un homme en
faveur est un morceau d'éloquence qui se lit en
public devant un cercle choisi. Il faut trouver de
toute nécessité un bon lecteur pour le faire valoir,
et un bon lecteur est un homme qui fait ronfler
les périodes et s'arrête aux beaux endroits, qui
excitent des ah ! sans nombre. J'imagine que la
déclamation de Montfleury à l'hôtel de Bourgogne
devait se rapprocher de ce système de débit em-
phatique. Mais, quoique ce soit la manière à la
mode, il y a aussi d'autres goûts, et j'ai entendu
entre autres un vieux derviche et un courrier qui
déclamaient les vers avec le charme le plus vrai
et les intonations les plus justes et les plus simples.
Pour en revenir aux pièces d'éloquence, il ne suffit
pas qu'elles soient bien dites, il faut encore qu'elles
soient bien composées, ce qui s'entend non pas

du fond, qui ne varie guère, mais du choix des expressions. Comparer le souverain au soleil, affirmer qu'il est le gardien de la planète Saturne, qu'Alexandre le Grand est son garde du corps et que Darius lui sert de chambellan, tout cela n'est rien. Il serait irrespectueux et presque indécent de dire autre chose, mais il faut choisir des termes qui de période en période riment richement ensemble ; il faut se procurer les mots les moins usités de sorte qu'une bonne partie en reste incompréhensible pour la majorité des auditeurs et des lecteurs. Tout naturellement ceux qui devinent ces énigmes, flattés de leur propre science, applaudissent au savoir de l'auteur. Il faut, enfin, au milieu des formules de convention et des exaltations officielles, trouver moyen de glisser quelques louanges d'une forme inattendue, et où l'esprit subtil du rédacteur se montre dans les rapports qu'il a su créer entre des choses peu conciliables. De sorte qu'une belle pièce de ce genre est à la fois un logogriphe, un tour de force de linguistique et un non-sens brillant. La raison commune en est bannie avec la plus inflexible rigueur. On se pâme, on admire, on adresse des compliments à celui qui a combiné de si belles choses, et on tire vanité d'avoir des copies du chef-d'œuvre, qui pendant plusieurs jours court la ville et fait naître l'admiration sans bornes des lettrés.

Mirza-Séyd-Khan, ministre des affaires étrangères, n'a pas une réputation moindre que les hommes dont j'ai parlé, quant à ces façons d'écrire.

Il passe aussi pour être un des plus habiles érudits de Téhéran en langue arabe. Cette étude, du reste, est aujourd'hui négligée, et les Persans s'attachent beaucoup plus qu'autrefois à leur langue maternelle.

Les poètes abondent, et il serait difficile de nommer ceux qui sont le plus à la mode. Chaque ville a les siens, dont elle fait cas par-dessus tous. C'est la poésie lyrique qui est la plus cultivée; mais il se trouve aussi des imaginations qui visent plus haut. Un petit village du Sud possède un pauvre moullah qui compose un grand poème destiné à continuer le livre des rois de Ferdouzy, et à donner, depuis le XIᵉ siècle, la suite complète des annales nationales.

Parmi les savants théologiens, on cite comme dogmatiste Hadjy-Aly-Kendy, comme jurisconsulte Scheysen-Abdoul-Hussein. Tout savant personnage est entouré de disciples auxquels il communique sa doctrine, et qui, l'accompagnant partout, le servent même comme domestiques.

Seyd-Abdoullah-Schustéry passe pour un mathématicien distingué. C'est l'homme qui parle le plus élégamment persan que j'aie jamais entendu. Il connaît aussi l'arabe à fond, et possède une grande instruction littéraire. Il est d'ailleurs d'une naissance élevée. Son père était vizir du nizam du Dekkan ; le feu roi Mohammed-Schah voulut le voir sur sa haute réputation de sainteté répandue dans tout le monde musulman, et il le retint à sa cour en lui faisant une forte pension ; il y est mort.

On cite encore comme mathématicien éminent
le moullah Abdoul-Djévad-Khorassany. Il demeure
à Ispahan, et est entouré d'un nombre considérable d'élèves. Il excelle également dans la théorie
de la musique. Il passe même pour jouer très bien
du târ, espèce de mandoline ; mais, comme la
religion défend cet exercice, on ne l'entend jamais
en public.

Akkound-Moullah-Aly-Mohammed n'est guère
inférieur en réputation au précédent comme
mathématicien et comme musicien théoriste. Mais
il ne joue d'aucun instrument. Pour trouver des
exécutants, il faut sortir tout à fait de la classe
des gens graves, et alors il y a Aly-Ekber, que les
Persans appelleraient volontiers le divin, et qui,
en effet, joue du târ d'une manière merveilleuse.
Pour ma part, je lui rends toute justice, et j'ai vu
des Européens, très rebelles à la musique persane,
tomber également en admiration en l'écoutant
exécuter des airs russes arrangés par lui pour son
instrument. Il joue avec une âme, avec un sentiment merveilleux, et dans tous les pays du monde
Aly-Ekber serait un grand artiste. Mais il a aussi
tous les défauts qui s'unissent souvent à cette
gloire. Il se montre extrêmement capricieux, vani-
teux et nerveux ; ses incartades fréquentes font
anecdote, et c'est souvent une grande et difficile
affaire que de le décider à se faire entendre. Tout
en lui accordant ce qu'à mon sens il mérite, je ne
fais guère moins de cas de Khouschnévaz, excellent
joueur de kemantjêh, violon persan qu'on touche

avec un archet comme le nôtre, mais qui s'appuie par terre à la façon du violoncelle. Khouschnévaz est un gros réjoui qui n'a peut-être pas pour les spiritueux toute l'horreur désirable ; il est admirable son instrument à la main. Sur le çentour, que l'on peut comparer à une épinette, Mohammed-Hassan est sans rival. Celui-là est aussi grave que Khouschnévaz l'est peu, et cependant il se déride quelquefois, et rit aux larmes des bouffonneries musicales de son confrère.

Outre ces musiciens, qui sont des artistes isolés, on compte encore les musiciens des tribus nomades, gentilshommes qui remplissent une fonction tenue pour importante dans leur monde, et dont l'emploi souvent est héréditaire. On les respecte beaucoup, et ils chantent et jouent une foule d'airs persans et turcs ; parmi ces dernières compositions, deux surtout sont d'une grande valeur : la chanson de Kerêm et la chanson de Kour-Oglou. Ce sont deux poèmes fort étendus, et je n'ai jamais rencontré personne qui les sût dans leur totalité, surtout le premier. La musique turque est beaucoup plus énergique et émouvante que la musique persane. Mais celle-ci est plus savante et plus recherchée dans ses effets mélodiques. Elles procèdent du reste l'une et l'autre des mêmes principes.

La peinture est extrêmement déchue. Les Persans le sentent, et recherchent surtout les œuvres anciennes, qu'ils payent très cher. Le roi Mohammed-Schah avait envoyé à Rome un artiste pour qu'il s'instruisît dans les secrets et les procédés

de l'art européen, que les Persans reconnaissent
volontiers comme très supérieur au leur. Malheureusement, le choix de l'étudiant ne paraît pas
avoir été heureux. Le peintre n'a pas été frappé
de rien et n'a rien compris. Le seul résultat de son
voyage a été de rapporter une copie de la *Vierge
à la chaise*, qui a fait fortune, et est aujourd'hui
reproduite partout. D'ailleurs, depuis très longtemps, l'on copie des gravures et des litho-
graphies européennes. On en voit sur les kalians,
sur les encriers, sur les miroirs, et principalement
des scènes de sainteté. Dernièrement, le premier
ministre a fait exécuter de grandes fresques dans
son palais du Nizamiyèh ; mais ces peintures, qui
représentent le roi, ses enfants et tous les personnages de la cour, ainsi que les chefs des missions
européennes, sont peu réussies.

Les Persans ont encore un goût qui tient en
quelque sorte aux arts du dessin, et qu'ils poussent
jusqu'à la frénésie. C'est celui des beaux modèles
de calligraphie. On donne cinq cents francs et
au delà pour une ligne de la main d'un maître
ancien, comme Émyry le derviche ou d'autres.
Mais Émyry est le plus célèbre. Les maîtres modernes se payent naturellement moins cher, mais
sont cependant fort admirés. Tout le monde, d'ailleurs, tombe d'accord qu'on n'écrit plus aujour-
d'hui avec la même perfection et la même élégance
que dans les siècles passés. Le style a changé. J'ai
vu faire des folies pour des œuvres anciennes, qui,
en effet, étaient fort belles.

Les chansons jouissent d'une grande faveur, mais il faut qu'elles soient nouvelles, et les dernières connues ont surtout la vogue. Beaucoup sont satiriques et souvent politiques. Parmi celles qui ne traitent que des charmes de l'amour et du vin, un grand nombre a la plus auguste origine. Le roi, sa mère et les dames de l'enderoun royal en produisent sans cesse, qui sont aussitôt répétées dans le bazar et dans les autres enderouns. Mais si l'on change les paroles, il est rare que l'on fasse de nouveaux airs, et c'est pourquoi, au dire des personnes compétentes, la musique est entrée dans une phase de décadence. Peu de gens en savent la théorie, et on se contente d'apprendre par cœur certaines séries de chants qui permettent pleinement de se tenir au courant des nouveautés.

Dans toutes les rues, on rencontre des conteurs d'histoires ambulants. Autrefois, les cafés leur servaient surtout de théâtre, comme en Turquie. Mais les cafés, invention toute récente en Perse, ont été supprimés par l'Émyr-Nyzam parce qu'on y parlait politique et qu'on y faisait trop d'opposition. Ils n'ont pas été rétablis depuis. Mais dans un emplacement assez vaste, près du marché Vert, on a construit une sorte de hangar en planches, ouvert de tous côtés et garni de gradins, de façon à pouvoir contenir deux ou trois cents personnes accroupies sur leurs talons. Au fond du hangar, s'étend une estrade. C'est là que depuis le matin jusqu'au soir se succèdent et les conteurs et les auditeurs. Les *Mille et une Nuits* sont considérées

comme un recueil classique, fort beau assurément,
mais vieilli. On leur préfère les *Secrets de Hame,*
vaste collection en sept volumes in-folio, contenant les récits les plus bariolés, mais tous à la
gloire des imams. C'est la source où l'on puise
de préférence. Mais on recherche aussi beaucoup
les anecdotes plaisantes, les répliques ingénieuses,
les récits qui contiennent quelques mauvais propos
sur les moullahs et les femmes, le tout entremêlé
de vers et quelquefois de chant. La population
passe en grande partie sa vie à entendre ces réci-
tations, qui ne coûtent pas cher aux oisifs, quand
elles leur coûtent quelque chose.

Mais le charme qu'elles peuvent avoir, si grand
qu'il soit, le cède complètement à celui des représentations théâtrales, avec lequel rien ne peut riva-
liser. C'est une furie dans toute la nation ; hommes,
femmes et enfants ont les mêmes entraînements
sous ce rapport, et un spectacle fait courir toute
la ville. Dans tous les quartiers et sur toutes les
places, se trouve une sorte d'auvent plus ou moins
vaste destiné à cet usage. C'est là que se mettent
certains personnages du drame, mais l'action se
passe sur la place même, de plain-pied avec les
spectateurs. Les femmes sont réunies en foule d'un
côté et les hommes de l'autre, ces deux parties de
l'assemblée pas trop bien séparées. Le spectacle
est toujours un drame emprunté à la vie des Persans, l'histoire d'une persécution des califes abbassides. La plus célèbre de ces compositions est
celle que l'on représente au mois de Moharrem

et qui a pour sujet la mort des fils d'Aly et de leurs
familles dans les plaines de Kerbéla. Cette déclamation dure dix jours et pendant trois ou quatre
heures chaque fois. Ce sont des morceaux lyriques
souvent fort beaux et très pathétiques, ajustés
les uns au bout des autres et récités avec passion.
On n'y craint pas les longueurs, et les Persans
n'ont jamais assez de la peinture détaillée des
souffrances, des malheurs, des angoisses, des terreurs de leurs saints favoris. Toute l'assemblée
sanglote à qui mieux mieux et pousse des cris de
désolation. Chez le plus grand nombre, ces démonstrations sont sincères; car il est difficile, en effet,
de ne pas être ému, et j'ai vu des Européens saisis
de tristesse ; mais, pour quelques-uns, il y a affec-
tation évidente, et ce ne sont pas ceux qui gémis-
sent le moins haut.

De temps en temps, le moullah, qui est assis
en face sur un siège élevé, prend la parole pour
faire mieux comprendre à la foule combien les
imams ont souffert. Il entre dans les détails de
leurs tourments, il paraphrase le drame, il maudit
les califes oppresseurs et il entonne des prières.
Aussitôt la foule, et principalement les femmes,
commence à se frapper violemment la poitrine
en cadence en chantant une sorte d'antienne et en
répétant sans fin avec des cris furieux : « Husseyn,
Hassan ! » Puis, l'entr'acte terminé, la pièce reprend. Bien que le fond soit le même depuis bien
des années, on y change toujours quelque chose,
et généralement on amplifie et développe les mor-

ceaux les plus pathétiques. Il n'est pas mal que
les acteurs qui remplissent les rôles odieux fondent
en larmes comme les spectateurs à l'idée de leur
propre scélératesse. J'en ai vu un qui remplissait
le rôle abominable du calife Yézyd et qui était
tellement indigné de lui-même, qu'en proférant les
menaces les plus atroces contre les saints Hassan
et Husseyn, il pleurait au point de pouvoir à peine
parler, ce qui portait à son comble l'émotion de la
foule. Je ne sais si ces gens-là traitent une œuvre
d'art d'après les principes de Longin et autres
critiques, mais il n'est pas possible de nier qu'ils
produisent sur le public des effets dont nos plus
beaux chefs-d'œuvre tragiques n'approchent pas.
C'est le théâtre compris un peu à la manière des
anciens Grecs.

Nous avons l'honneur, nous autres Français, de
jouer un très beau rôle dans la représentation de
la mort des imams, fils d'Aly. Un ambassadeur
du roi Jean (quel roi Jean ? C'est ce qu'il n'est
pas très facile d'expliquer) se trouvait à la cour
du calife Yézyd quand on y annonça la famille
sainte faite prisonnière à Kerbéla. Il chercha à
émouvoir le tyran en faveur de ces femmes et de
ces enfants. N'ayant pu y réussir, et transporté
d'indignation et de douleur, il se déclara musulman
et schyyte et fut martyrisé. On conçoit assez dans
quel jour cette circonstance nous place.

Je ne dois pas omettre de dire que, malgré l'émotion poignante qui paraît planer sur la foule réunie
pour assister à ces drames sacrés, le bruit public

veut que ces occasions soient d'un merveilleux secours pour les intrigues amoureuses. On prétend que les gens qui se cherchent se trouvent à ces solennités et que ceux qui veulent des aventures les y rencontrent. Mais les Persans sont tellement mauvaises langues qu'il n'est pas juste de les croire sur parole.

J'ai parlé ailleurs des farces, ou saynètes. Je n'y reviendrai donc pas.

CHAPITRE VI

RÉSULTATS PROBABLES DES RAPPORTS ENTRE L'EUROPE ET L'ASIE

Je n'ai pas touché à tout ce qu'il y aurait à dire, il s'en faut, et je n'en ai pas la prétention. D'autres voyageurs ont traité à fond beaucoup de points que je néglige, et je ne pourrais, en m'y arrêtant, que m'exposer à des redites. J'aime mieux tourner court et rechercher quelles sont les chances du rapprochement qui s'opère de notre temps entre l'Asie centrale et les contrées d'Europe. A cette occasion, je compléterai dans quelques parties les tableaux dont je me suis efforcé de donner les principaux traits.

Il est pour moi de toute évidence qu'il n'y a pas dans les pays que j'ai vus de nation politique proprement dite, suivant le sens que l'on attache aujourd'hui à ce mot. Les Arabes n'en peuvent réclamer le titre et ne l'ont jamais pu. Lorsque l'islamisme les enleva brusquement à leurs déserts pour les jeter en conquérants au milieu des anciennes populations de langue grecque, il leur donna le goût du pillage, mais non l'art de conduire les peuples, et cet art, ils ne l'ont pas appris depuis. Tous leurs hommes d'État et leurs administrateurs, comme leurs savants et leurs philosophes, ont été des convertis étrangers à leur sang, et on a commencé de bonne heure, dans leur empire, à gouverner sans eux et contre eux. C'est une race noble, individuellement prise, mais incapable de comprendre l'idée de nation, l'idée de système. Elle s'élève jusqu'à l'attachement à la tribu, et ne va pas au delà. Elle n'a rien de ce qui rapproche les hommes les uns des autres, pas même la foi religieuse, qui chez elle s'en tient volontiers aux purs sentiments.

Les Persans comprennent tout ce qui reste inaccessible aux Arabes, et leur intelligence peut tout saisir. Mais ils n'ont pas de fixité dans l'esprit, ils manquent de raison, et surtout ils manquent de conscience.

Les Afghans sont des soudards d'une immense énergie, d'une grande vigueur d'âme, d'une indépendance d'esprit extraordinaire, mais ce sont surtout des soudards, et la pensée de l'État, que les Arabes n'ont jamais comprise, et qui est usée à jamais chez les Persans, ne saurait se présenter à eux que sous la forme d'une caserne, le jour où ils voudront consentir à y entrer.

Il ne semble donc pas que, par eux-mêmes, les peuples de l'Asie centrale soient propres désormais

à rajeunir leur société et à la reconstruire sur ses
bases anciennes. Sont-ils plus aptes à accepter une
civilisation nouvelle ?

Je ne suis pas disposé à le croire. On entend
beaucoup parler chez nous depuis une trentaine
d'années de civiliser les autres peuples du monde,
de porter la civilisation à telle nation ou à telle
autre. J'ai beau regarder, je ne m'aperçois pas
qu'on ait obtenu jusqu'ici aucun résultat de ce
genre ni dans les temps modernes ni dans les temps
anciens. En ce qui concerne le passé, les Grecs
et les Romains n'ont jamais civilisé personne. Les
premiers, après l'époque d'Alexandre, se sont
fondus avec les peuples de l'Asie antérieure ; mais
on aurait grand'peine à dire si ces peuples sont
devenus plus helléniques que les Hellènes ne sont
devenus lydiens ou phrygiens. Quant à la trans-
formation romaine de la Gaule, elle n'a été parfaite que dans le Sud, où l'on avait pris soin de
vendre sous la lance une partie de la population
indigène, de la remplacer par des colonies italiotes
et de réduire le reste à la glèbe. Je ne vois pas,
dans les temps modernes, que les Français aient
civilisé les Canadiens ou les Hindous de Pondichéry
ni les Maures d'Alger ; non plus que les Anglais
aient rien changé aux allures de leurs sujets de
l'Inde, ni les Hollandais transformé la population
de Java, ni davantage les Russes celle du Caucase.
Cela ne veut pas dire absolument que ce qui ne
s'est jamais vu depuis le commencement du monde
ne doive jamais se voir ; mais, cependant, en pré-

sence d'un insuccès aussi prolongé, le doute de la
réussite reste prudent. Quand la population d'un
pays est faible numériquement parlant, on la civi-
lise, sans doute, mais c'est en la faisant disparaître
ou en la mélangeant.

Il ne reste donc plus que deux alternatives : ou
bien les peuples de l'Asie centrale continueront à
végéter comme ils le font depuis des siècles, ou
bien ils seront conquis et dominés par les nations
européennes.

Bien que leurs territoires soient vastes, et, pour
la majeure partie, très distants des côtés qui offrent
les points d'attaque les plus accessibles, cette hypo-
thèse n'est pas absolument invraisemblable, si l'on
tient compte de la force d'expansion extraordinaire
de notre société et du besoin d'envahissement qui
la travaille. Il n'y a donc pas empêchement absolu,
d'autant moins que les moyens matériels dont
nous disposons pour exécuter nos volontés sont
d'une grande puissance, et que notre organisation
militaire nous assure une supériorité incontestable
partout où nous voudrons nous présenter, fus-
sions-nous, au point de vue du nombre, dans le
rapport de un à cent. J'admets donc une nation
européenne quelconque s'établissant dans l'Asie
centrale. Elle le peut faire de deux manières.

Supposons d'abord qu'elle emploiera le système
anglais, dont le trait principal est de vouloir dominer les masses conquises sans se mêler à elles,
de les gouverner de haut en en restant toujours
très distinct, et de ne leur accorder dans la conduite

de leurs propres affaires qu'une part extrêmement
restreinte, tout à fait subalterne, dont rien ne
garantit la durée et qui, du jour au lendemain, peut
toujours être retirée.

Ce système est, je le crois, très noble et très bon
tant qu'il dure. Mais il a l'inconvénient, au point
de vue des peuples subjugués, de constituer perpétuellement un état provisoire dont ils supportent
impatiemment et le joug et l'injure. Pour le maintenir, il faut constamment être fort, toujours être
habile. La moindre défaillance, le moindre oubli
d'une mesure nécessaire peut tout compromettre,
car à perpétuité on est en face de l'ennemi, qu'on
ne laisse jamais s'endormir ; et, comme les maîtres
sont plus enclins à sommeiller que les esclaves,
tout pose sur un danger perpétuel. La continuelle
tension que cet état de choses exige coûte cher,
et si, par malheur, les affaires du peuple auquel
ces conquêtes appartiennent tournent à mal sur
un autre point, il est à craindre qu'il n'en résulte
là de terribles contre-coups. Une insurrection générale peut amener la fin de cette domination. Si
l'on veut se placer en idée à un semblable moment,
on verra clairement combien un pareil mode de
gouvernement est fragile, car le lendemain de sa
chute il ne reste absolument rien. Les pays auxquels il a été appliqué tombent dans un abîme
d'anarchie, et il ne surnage même aucun débris.
Tout est à refaire de nouveau, et très probablement rien ne peut plus se faire.

L'autre méthode est celle qu'avaient adoptée les

Séleucides après Alexandre, que les Romains ont
mise en pratique et que les Russes suivent aujour-
d'hui dans leurs territoires d'Asie. C'est de considérer, autant que possible, les indigènes comme
aussi aptes que les conquérants à concourir au
gouvernement du pays, de leur conférer des emplois
et des grades, de les attacher de toutes manières,
et par l'intérêt et par l'amour-propre, au succès
de la conquête, à sa durée, et, en un mot, de tendre
à les assimiler à la nation victorieuse, de manière
à ce qu'ils se fondent en elle et ne fassent plus
avec elle qu'un seul peuple et un seul territoire.

Je ne parle pas des années de transition, qui sont
grosses de dangers. Les indigènes ne sont pas encore
apprivoisés, et cependant ils ont souvent à leur
disposition bien des moyens de nuire. Ils sont à
la fois dignitaires des conquérants et sollicités par
le patriotisme local. Le haut rang qu'on leur a
donné ou reconnu, en augmentant leur influence,
les peut exciter singulièrement à des ambitions
supérieures, et telles que l'affranchissement seul
saurait y satisfaire. Le mécontentement plus ou
moins bien fondé des basses classes, qui suit généralement une conquête, trouve sur quoi s'appuyer.
Mais, d'autre part, on ne doit pas méconnaître
non plus qu'une surveillance habile peut venir
à bout de ces difficultés ; qu'en gagnant du temps
on gagne tout en ces matières, et que l'expérience
du passé (je citais plus haut les Séleucides et les
Romains) donne tout à fait gain de cause à ce système quant à sa perpétuité possible.

Les deux nations sont donc rapprochées ; elles
sont soudées ensemble, mais non pas encore fon-
dues. La fusion commence, et dans cette opération,
qu'arrive-t-il ? La nation européenne donne-t-elle
à la nation asiatique ses qualités et ses mérites
solides, ou bien emprunte-t-elle à son associée les
vices et les défaillances qui, précisément, ont fait
l'infériorité et la défaite de celle-ci ?

L'histoire se prononce, et cette dernière alter-
native est celle qui l'emporte. Quand Alexandre
eut conquis l'Asie, la Grèce perdit toute sa valeur
morale et tomba au rang des peuples vieillis et
abâtardis dont elle croyait avoir fait sa proie ; et
son niveau intellectuel suivit dans une rapide
décadence son niveau moral, de sorte que, lorsque
Rome soumit la Grèce à son tour, celle-ci lui
apporta l'infection qui la tuait. Rome aussi prit
l'Asie et, à dater de cette conquête, elle tomba
de plus en plus ; de plus en plus elle cessa d'être
elle-même, elle oublia le génie européen et trouva
beau de se régler sur les mœurs décrépites que, jadis et avec raison, elle avait tant méprisées.

Mais non seulement la Grèce et Rome tombèrent
moralement et intellectuellement par suite de ce
mariage ; ce qui est non moins remarquable, c'est
qu'elles s'appauvrirent encore dans une proportion toujours croissante. D'abord, l'une et l'autre
avaient gagné au pillage et à la dévastation des
régions antiques, où des richesses inouïes s'étaient
accumulées depuis des siècles. Cependant le pillage a des limites, et comme il s'adresse à un capital

et ne se pique que d'en accomplir le transfert sans nullement l'aménager, il n'y a capital si grand qui, à la fin, ne s'épuise. Il ne l'était pas encore, que le patriotisme romain reflua vers l'Asie. La raison en est que l'Asie est un lieu de grande production, que, dans la mesure où la richesse de l'Europe augmente, ses besoins de luxe s'accroissent au moins aussi vite, et que, pour les satisfaire, il n'y a qu'un lieu au monde, qui est cette même Asie. Promptement, Séleucie et Alexandrie devinrent des villes bien autrement opulentes qu'Athènes et Corinthe, et promptement aussi Antioche et Constantinople, ruinèrent la grande Rome elle-même. Le reste de l'Europe ne s'enrichit jamais ; au contraire, il alla toujours s'épuisant par des raisons complètement semblables, et toujours au profit de l'Asie.

Aujourd'hui, je ne m'aperçois pas que les choses se présentent sous un aspect différent. On peut observer déjà et des Européens habitués à la vie d'Asie et des Asiatiques élevés en Europe. Les premiers ont pris, généralement, les vices, ou au moins la mollesse, le laisser aller, la paresse, l'inconstance des Asiatiques ; les seconds sont restés tels qu'ils étaient avec quelques vices de plus, mais je n'en ai jamais rencontré un seul qui eût gagné une vertu d'Europe. En elle-même, la vie des pays chauds ne vaut rien aux descendants des Celtes ou des Saxons ; si elle ne les efémine pas, elle développe chez eux une superbe et une brutalité qui réagissent d'une manière fâcheuse sur leur intelligence, et, quant aux produits des mariages

mixtes, tous ceux qui en ont vu en ont parlé, et
à bon droit, d'une manière si défavorable, que je ne
veux pas revenir sur ce sujet.

Quant à la déperdition du capital européen, je
crois qu'elle est inévitable. J'en ai déjà indiqué
quelques raisons, lorsque j'ai parlé des classes mar-
chandes. Je sais bien qu'il se crée à Londres et à
Amsterdam de grandes fortunes individuelles par
suite du commerce avec l'Asie ; mais je suis également frappé de ce qu'à Bombay, à Madras, à
Calcutta, à Canton, il y a aussi, chez les indigènes,
accumulation de richesses provenant de transac-
tions faites avec nous, et cela dans une proportion beaucoup plus considérable, et surtout ré-
partie dans beaucoup plus de mains. En Europe,
il n'y a guère que quelques négociants d'importance qui s'enrichissent, tandis qu'en Asie, outre
les maisons de premier ordre qui prospèrent im-
mensément, des sommes énormes sont encore ré-
pandues dans une classe entière et une classe très
nombreuse d'agents natifs de toute espèce, de
courtiers, de détaillants, de producteurs, et jusque
parmi les paysans. Il est impossible qu'il y ait
égalité de profit là où il y a si grande inégalité de
résultats, et j'en vois la preuve dans le chiffre
élevé du numéraire qui s'exporte annuellement
d'Europe en Asie pour payer la différence.

Encore faut-il remarquer que les circonstances
actuelles ne sont pas ce qu'on peut appeler nor-
males, excepté en ce qui concerne la Chine. Mais
là aussi, le thé et les soieries constituent deux arti-

cles de négoce qui nous feront éternellement un tort incalculable. L'opium empêche un peu la balance de pencher trop décidément contre nous ; mais c'est un remède de transition, et un jour ou l'autre, soit que la Chine se mette elle-même à produire cette denrée, ce qui lui sera facile, soit qu'elle en permette l'entrée moyennant un droit raisonnable, il faudra cesser de compter sur cette fâcheuse ressource.

L'Inde, depuis quatre-vingts ans, ne donne plus autant qu'autrefois. La métropole s'est vue dans l'obligation de la frapper de stérilité à bien des égards, pour assurer des débouchés à ses propres manufactures, et, par exemple, elle a éteint, autant que possible, toutes les fabriques d'indiennes et de mousselines, si l'on ne veut parler que de celles-là, qui lui auraient fait une concurrence contre laquelle elle n'aurait pu tenir. Mais ce sont encore des mesures violentes, impossibles à maintenir indéfiniment.

Quand un jour ou l'autre, par telle ou telle cause que l'on ne peut prévoir, l'Inde aura repris sa libre action sous ce rapport, comme elle possède en abondance la matière première, et, ce qui est bien autrement important, comme ses ouvriers peuvent travailler à un bon marché inaccessible pour nous, l'Angleterre elle-même ne tiendra pas devant cette rivalité. On objectera peut-être, en sa faveur, l'action des machines. Mais qui empêchera le fabricant indien, Européen de sang ou de demi-sang, d'introduire les mêmes machines pour son usage ?

La Perse s'est trouvée, depuis cent cinquante ans, sous l'empire des circonstances les plus fâcheuses, mais les plus exceptionnelles. Les perniers princes de la dynastie Séfèvy ont été renversés par une incursion d'Afghans qui, pendant quatorze années, a mis le pays à feu et à sang. Comme ceux-ci savaient que leur règne serait court, parce qu'ils n'avaient pas les ressources nécessaires pour le faire durer, ils ont emporté tout ce qui était transportable, et le reste ils l'ont renversé, brisé ou brûlé. Aucune ville n'a été à l'abri de leurs dévastations. Nader-Schah est venu les mettre dehors ; mais Nader-Schah était un aventurier kurde, soldat de métier et de caractère, qui n'a guère mieux traité sa patrie que les brigands dont il la débarrassait ; et qui, pour aller à son tour dévaster l'Inde, prit partout le peu d'argent qu'il trouva, et de tout laboureur fit un soldat.

Le joug était intolérable. On assassina le guerrier ; mais aussitôt surgirent des myriades de petits oppresseurs, les tribus nomades se mirent à vivre aux dépens des citadins ; les citadins se volèrent les uns les autres. Les terres en friche ne retrouvèrent pas de culture, et celles qui avaient encore été à peu près cultivées cessèrent de l'être. Une partie de la nation émigra dans le pachalik de Bagdad. Ce ne fut que sur la fin du siècle dernier et au commencement de celui-ci qu'un peu d'ordre commença à renaître, d'abord avec le prince zendy Kérym-Khan, puis avec les rois de la dynastie actuelle. Mais comme l'administration est telle

que je l'ai dépeinte, ce n'est pas elle qui peut faire
quelque chose d'utile ; c'est le fait seul de la paix
et on doit dire qu'il suffit déjà à amener des résultats qui, proportion gardée, sont remarquables.
Des villages se sont élevés depuis dix ans dans
des lieux tout à fait déserts. De grands travaux
d'irrigation ont mis des solitudes stériles en cultures. Il a fallu quelquefois aller chercher l'eau à
trois et quatre lieues dans les montagnes. On l'a
fait. Des villes tombées se sont rétablies. Les environs de Téhéran ne sont plus reconnaissables ;
les jardins y abondent, et, par suite, les conditions
atmosphériques se sont modifiées à ce point que
cette ville, naguère citée comme la plus malsaine
de la Perse, en est aujourd'hui une des plus salu-
bres. Depuis deux ans seulement, elle a changé
tout à fait de physionomie. Des bazars fort beaux
se sont élevés ; des caravansérails d'une très bril-
lante architecture font aujourd'hui l'ornement de
la capitale ; des quartiers entiers se construisent.
Chaque année, de nombreuses et grandes maisons
particulières s'y ajoutent. Les choses vont lente-
ment parce que le gouvernement ne favorise rien ;
heureux encore quand la rapacité des fonctionnaires n'entrave pas ce qui se fait ; mais enfin,
tout marche, parce que les mauvais gouvernements
ne sont pas inventés d'hier en Asie, et que ce mal
n'a pas empêché les États de cette partie du monde
de prospérer matériellement. La raison en est, en
Perse comme en Chine, dans l'abondance des
matières premières, le bon marché de la vie et

le bas prix de la production. Jusqu'à présent, il
y a eu importation européenne en Perse, et non
pas exportation ; mais si un État européen avait
la main, comme cela a été supposé plus haut,
dans les affaires de ce pays, cette situation chan-
gerait de toute nécessité, et on se verrait en face
d'un terrain producteur, ayant à profusion le coton,
les lainages de première qualité, la soie, le charbon
de terre, le cuivre, le plomb, l'étain, le fer et une
population très disposée à mettre en œuvre ces
richesses. Si l'on ajoute maintenant à ces considérations la haute intelligence commerciale des Persans et le fait que la tendance de l'Europe va à
l'abandon graduel des systèmes protecteurs, je
crois qu'on sera convaincu qu'il ne restera guère
de moyens de lutter contre les productions asiatiques, ce qui revient à dire que le mal fait par
l'Asie aux Grecs et aux Romains menace tout
autant l'Europe moderne.

Je ne suis donc pas porté à considérer favora-
blement cette ardeur extraordinaire qui pousse les
nations de l'Occident vers l'Asie. A côté des succès
militaires qui ne sont pas douteux, il me semble
entrevoir, sur d'autres terrains, des échecs non
moins amers et dont les conséquences font plus
que contre-balancer les avantages de la gloire.
Mais je comprends qu'il est des tendances irré-
sistibles, et que l'Europe ne saurait raisonner
contre la force qui la pousse hors d'elle-même, et
l'activité qui l'entraîne au loin, et, enfin, que les
sociétés font ce qu'elles doivent faire, bien que leur

action, souvent, s'exerce en raison tout à fait inverse de leurs intérêts véritables. Je me borne donc à constater ce fait que l'Asie est un mets très séduisant, mais qui empoisonne ceux qui le mangent.

CHAPITRE VII

L'année 1856 amena de grandes modifications
dans ma situation personnelle. L'été fut marqué
par de tels ravages du choléra qu'un tiers de la
population de Téhéran disparut. Bien des vides
se firent autour de nous, et la seule femme qui eût
accompagné ma famille ayant succombé, je me résolus à me séparer des miens dans la crainte de
plus grands malheurs. Je me mis en route pour
les conduire, jusqu'à la frontière russe, sur les bords
de l'Araxe. Je pouvais espérer que les épreuves
que nous avions traversées devaient suffire à payer
notre dette à la mauvaise fortune et me garantis-
saient l'avenir ; il n'en fut rien cependant. Cette
première partie du voyage amena des jours encore
plus tristes. A Tébryz, ma fille tomba dangereu-
sement malade ; nous dûmes nous y arrêter. Pendant un mois elle ne laissa presque aucun espoir
de la sauver. En même temps, sur vingt-deux

hommes qui m'escortaient, dix-huit étaient également frappés ; trois moururent, les autres se
remirent à grand'peine. Ce fut un moment désas-
treux et où l'on redoutait bien pis. Je me rappelle
avec un frisson secret une matinée de novembre où
je fus obligé d'aller voir quelqu'un à deux heures
de la ville. Le temps était gris et pluvieux. Il faisait un froid humide. En traversant les cimetières
immenses, dégradés et négligés, je voyais à droite
ouvrir une multitude de fosses, car la population
était décimée, et à gauche des femmes et des enfants pleurant et criant sur des amas de terre
fraîchement remuée. Je passai, ayant avec moi
trois cavaliers dont un seul était capable de mettre
pied à terre pour tenir mon cheval. Les deux autres tremblaient la fièvre, et chez moi ma fille
était dans l'état que j'ai dit plus haut.

Grâces à Dieu, elle se rétablit à peu près, et,
aussitôt que ce fut possible, je remis mon monde
en route. Les autorités facilitèrent, avec une cons-
tance pleine de sollicitude, la marche des voyageuses, mais toutes leurs attentions ne pouvaient
faire que le pays, déjà très sauvage en lui-même,
n'eût été aussi très maltraité par la guerre qui venait de finir. Tout manquait absolument dans ces
maisons de refuge du Caucase, et on était continuellement en présence de la fièvre, qui ne cesse
jamais d'exercer, dans ces environs, de terribles
ravages. Un morceau de pain était rare et difficile
à trouver. Heureusement que de temps à autre
l'hospitalité d'un gouverneur de district venait

faire reprendre courage et de nouvelles forces
pour continuer. A Redout-Kalèh, la situation
devint impossible. Cette bourgade n'existait plus ;
il n'y avait que quelques baraques pour les soldats
malades d'un faible détachement qui occupe la
côte. La fièvre régnait en maîtresse absolue. La
saison d'hiver était arrivée ; il n'y avait aucune
chance de voir aborder un navire jusqu'au printemps. Pour ne pas être exposées à de plus grands
hasards, les voyageuses se résolurent à louer et
faire préparer une des barques du pays, pour se
rendre à Batoum. La traversée est rude et difficile. Il s'agissait de longer la plage et de coucher
à terre la nuit sans aucune espèce d'abri, car il
n'existe là ni maisons, ni village. La durée de
cette épreuve pouvait être de quarante-huit heures,
ou de beaucoup plus, suivant l'état de la mer
Noire, très perfide et dangereuse en cette saison.
Mais au moment de se risquer ainsi un secours
inespéré arrivait. Une vigilante et sérieuse amitié
avait heureusement pu être avertie, et depuis un
mois elle faisait surveiller toute la côte. Après trois
jours passés à Redout-Kalèh, le *Vullur*, frégate
de guerre de la marine anglaise, se montrait au
large. Le commandant Campbell descendit à terre
et prit ma famille à son bord et sans avoir mouillé
il continua sa route. Encore cette fois on aurait
dû supposer que les souffrances étaient finies. Une
tempête épouvantable faillit pourtant engloutir
le bâtiment, et pendant quatre jours et quatre
nuits accumula sur ces pauvres êtres, déjà épuisés

par tant de fatigues et de misères, toutes les hor-
reurs d'un ouragan d'hiver dans la mer Noire.
Après huit jours d'angoisses, le *Vultur* entra enfin
dans le Bosphore et remit ses voyageurs entre les
mains dévouées qui les attendaient. J'ai contracté
alors envers des hommes pleins de cœur et de bonté
une dette de reconnaissance qui ne saura jamais
être acquittée. Malheureusement l'un de ces
hommes, l'amiral lord Lyons, a cessé de vivre aujourd'hui, et je ne puis reporter qu'à sa mémoire
le souvenir de ce qu'il a fait et dont sans doute
la Providence lui a tenu compte.

Pour moi, n'imaginant point la tournure que les
choses devaient prendre, j'étais rentré à Téhéran
et j'y passai encore dix-huit mois, remplissant les
fonctions de chargé d'affaires. Toute la mission
était dispersée. Les uns avaient regagné la France,
les autres étaient morts. M. Querry et moi nous
restions seuls, mais notre tête-à-tête était diver-
sifié par le goût que nous avions en commun pour
l'étude des hommes, des choses et des idées du
pays. Malgré les mille raisons qui me faisaient
souhaiter la fin de cette situation, je dois avouer
qu'elle ne me déplaisait en aucune manière. Je
ne comprends pas que l'on se dise heureux de
quitter l'Asie, à moins de ne l'avoir pas regardée.

Cependant le jour du départ arriva. Mes trois
années de séjour étaient terminées. C'était une
phase de ma vie qui allait finir. J'avais beaucoup
cheminé sous le soleil d'été. Je me trouvais à la
veille de faire l'expérience de ce que c'était qu'un

voyage d'hiver. Je prévoyais bien que les plaisirs
en seraient austères ; mais, en somme, j'aurais été
fâché de n'avoir pas connu ce côté des choses.

Je partis, le 31 janvier 1858, en poste et avec
l'intention d'atteindre, en sept jours, Tébryz que
j'avais déjà vu deux fois bien tristement. Dans la
belle saison, les courriers de profession y vont en
quatre jours et les caravanes en vingt. Je limitais
ainsi mon ambition pour être plus certain de
réussir. J'avais eu d'abord l'intention de me faire
accompagner de deux ou trois ghoulams du roi,
et le premier ministre, dans son amitié, m'y engageait fortement ; mais, c'était plutôt une mesure
d'étiquette que d'utilité, et je réformai ce luxe afin
d'être plus leste et libre dans mes mouvements.
J'emmenai un courrier bakhtyary, homme solide
et expérimenté, appelé Kerbelay-Djafêr, d'humeur grave et bon musulman ; un cuisinier de
Kaschân, Hassan, peu belliqueux, à la façon de
ses compatriotes, mais l'homme le meilleur, le plus
doux du monde. Je l'avais distingué déjà deux ans
en çà, par le dévouement avec lequel il avait soigné
un brave garçon, ancien spahi, au service de la
légation, et qui mourut du choléra ; enfin, mon
valet de chambre, jeune homme de la tribu des
Kurdbatjêhs, honnête tribu que j'aime de tout
mon cœur. Outre les soins ordinaires de sa compé-
tence, il avait à s'occuper de deux terriers blancs
du Caucase, Farengh et Zâl, qui devaient faire
route avec nous. Au moment du départ, je vis
arriver un homme de plus. C'était un courrier

du Gouvernement, qui se dit expressément chargé
de m'accompagner jusqu'à la frontière et de veiller
à ce qu'on me donnât toujours de bons chevaux.
Cette considération méritait d'être pesée, et j'ac-
cueillis avec joie la société d'Alyèr-Beg, grand co-
losse de race turque.

Quand je fus une fois à cheval prêt à partir, ma
caravane se composait donc de moi et de mes
quatre hommes. Mirza Baba, le kurdbatjêh, ne
s'était pas pourvu d'une selle ordinaire comme
les autres, mais il chevauchait sur un large bât
rembourré, appelé *paloûn*, et aux deux côtés de
ce paloûn se balançaient deux vastes paniers dou-
blés et couverts de feutre, où Zâl et Farengh
avaient été introduits. Farengh, personne déjà
d'un âge mûr et habituée aux voyages, prenait son
mal en patience. Mais Zâl, jeune et impétueux,
poussait sa tête irritée à travers les cordes qui
retenaient le feutre, et se montrait exaspéré du
sort qu'on lui faisait.

Deux chevaux portaient le lit, les malles et la
batterie de cuisine, d'ailleurs on ne peut plus suc-
cincte. Mais, pour être plus alerte, on avait jugé
à propos et très sagement de ne pas faire les charges
trop pesantes. Enfin, chacun étant en selle, nous
partîmes. Je traversai pour la dernière fois ces
bazars que j'avais tant parcourus et que j'aimais.
Je pris congé, en pensée, de cette foule rieuse,
curieuse, turbulente et en somme si peu mauvaise,
que je ne devais plus revoir. J'avouerai que, bien
que j'allasse retrouver tant d'affections, tant de

choses qui me manquaient, j'avais le cœur un peu gros. Je ne puis pas nier que j'étais attaché à ce monde. Nous franchîmes la porte. Le désert et les chaînes de montagnes fuyant dans l'ouest se présentèrent tout ouverts devant nous. Pour secouer les regrets, nous poussâmes les chevaux et nous commençâmes à galoper. Nous étions vraiment partis.

Ce soir-là, nous devions nous arrêter à la première station ou, comme on dit, au premier *menzil*, d'après le principe invariable que le jour du départ on fait peu de chemin. Allant en poste, nos traites étaient nécessairement marquées par la position des *tchaparkhanéhs*, maisons de courriers qui devaient nous servir d'abris. Le lendemain devait voir le commencement de nos exploits et comment nous saurions doubler et tripler les étapes. Bref, après six heures de marche, nous mîmes pied à terre à Meyandjuk.

La vallée n'avait pas de neige, la terre était nue, et la nappe blanche ne commençait qu'au bas des montagnes pour revêtir toutes leurs croupes d'une couverture épaisse.

La station de Meyandjuk, bien que la plus rapprochée de la capitale, est peu estimée, par la raison qu'on n'y trouve rien que ce qu'on y apporte. Il n'y a pas de village aux environs. Nous avions prévu le cas, et, pendant que je me promenais sur la terrasse de la maison de poste, on faisait griller un poulet maigre et cuire le riz du pilau. Les maisons de poste sont construites sur un

plan à peu près pareil dans toute l'étendue de la
Perse. C'est un quadrilatère dans lequel on ne pénètre que par une seule entrée. A droite et à gauche
sous la porte se trouvent deux chambres, sans
fenêtres, tout à fait sombres, dont l'une et quelquefois toutes deux ont des cheminées. Aux quatre
angles du bâtiment sont de petites tours. Sur les
trois faces, les écuries. Le tout est couvert par
la terrasse. Je fis fermer la porte avec soin, pour
que mes terriers pussent jouir sans inconvénients
des plaisirs de la promenade. Jusqu'à Trébizonde
je devais être poursuivi par la peur de les voir en
collision avec les chiens du pays, monstres de forte
espèce, habitués à étrangler les loups, et dont la
rencontre me paraissait d'autant plus à craindre
que mes deux compagnons, doués de l'ardeur la
plus inconsidérée et innée chez les races du Caucase, n'auraient demandé que le combat, sans avoir
la force nécessaire pour s'en bien tirer.

Comme je me promenais là-haut regardant les
montagnes et la vaste étendue des plaines, deux
hommes arrivèrent au galop et entrèrent dans la
cour. C'étaient un Mirza et son domestique qui
allaient à Rescht dans le Ghylan, pour toucher
les impôts. Le maître et moi nous nous saluâmes.
« *Vélayet ?* me dit-il d'un air riant ; vous allez au
pays ? — Oui, répondis-je. — Dieu vous conserve
et vous donne bonne route ! »

Là-dessus on lui amena des chevaux frais. Il se
remit en selle et partit grand train. Je le suivis
des yeux jusqu'à l'horizon et j'allai me coucher.

Nous partîmes avant le jour. Au bout d'une heure, nous avions franchi une sorte de promontoire qui s'avance très loin et que l'on appelle la pointe de Kèredj. Les Persans disent le *Nez*. Aussitôt la scène changea. Nous tournions au nord. Toute la plaine était couverte d'une gelée blanche. Nos chevaux piétinaient sur la glace. On avait de la peine à avancer, et encore plus de peine à ne pas tomber à chaque pas. Le froid était vif et rendu particulièrement pénible par une bise tranchante qui glaçait jusque dans la moelle des os. Nos gens s'enveloppèrent la tête dans d'épais capuchons et se couvrirent jusqu'aux yeux. J'en fis autant. Mais à peine si j'en souffrais moins. Bientôt la neige prit de l'épaisseur. Elle tomba à flocons pressés. Nous marchions comme sur des œufs. Enfin nous arrivâmes à Séfèr-Khodja. Il était tard.

Comme nous descendions de cheval, nous vîmes entrer un pauvre diable de courrier qui venait de la direction de Kazvyn. Il était à pied et portait sa selle sur son dos avec toutes les appartenances. Son cheval était tombé dans un trou plein d'eau et s'y était noyé. Quant à lui, il se montrait dans un piteux état ; trempé de la tête aux pieds et grelottant de froid. On le frotta avec de l'eau-de-vie et on le coucha dans l'écurie près du tendour. Le *tendour* ou tenour est un grand réchaud établi dans un trou et couvert d'une espèce de table en planches et d'un tapis. Nous remîmes au lendemain l'espoir de doubler le menzil, car ce jour-là

il n'y fallait pas songer. Tel fut le résultat d'un
conseil tenu avec mes gens, le maître du tchaparkhanêh et un courrier de la légation anglaise qui
déclara que, pour son compte, il croyait impossible
de gagner la station de Sangourabad avant la
nuit, et qu'il serait insensé de cheminer dans les
ténèbres où assurément on se perdrait.

Le lendemain la neige tomba à flots. Il n'y avait
plus de chemin du tout. Néanmoins, un des pos-
tillons se faisant fort de retrouver la route, nous
partîmes assez tard. Le brouillard, un brouillard
épais remplissait la vallée. Nous nous perdîmes
un peu. Mais, par bonheur, un caravansérail ruiné
se trouva sur notre route et nous le reconnûmes.
J'avais un jeune cheval excellent, qui paraissait
s'amuser beaucoup de ce mauvais temps et de la
neige, et dansa pendant la majeure partie de la
route, ce dont je l'aurais dispensé volontiers.

Nous fîmes rencontre d'une douzaine de cavaliers des Schah-è-Sévends allant aussi à Kazvyn.
Ils s'étaient également égarés, et nous nous ser-
vîmes à nous confirmer dans l'idée que nous sui-
vions désormais la bonne voie. Ce fut la première
fois que je vis des guerriers n'ayant aucune prétention à faire partie de l'artillerie, pourvus de
lunettes. Tous les Schah-è-Sévends en portaient
d'énormes, mais en crin avec l'armature en bois
et peinte en rouge. C'est pour éviter la réverbé-
ration de la neige et surtout l'effet du brouillard
qui rendraient certainement aveugle si on voulait
les braver. Les paysans se servent des mêmes

lunettes, ce qui leur donne les physionomies les
plus étranges ; je fus obligé de faire comme eux.

Nous atteignîmes fort tard Sangourabad, et
encore étions-nous fatigués.

Je trouvai au tchaparkhanêh un domestique du
général Mirza-Daoud-Khan, Arménien, interprète du roi, arrivant d'une mission à Tiflis.
Bientôt je vis le général lui-même. Il était accompagné d'un jeune officier prussien, le baron D...,
que j'avais connu à Francfort et qui faisait un
cours de voyage. Il portait le costume du Caucase. Nous étions là, accroupis devant le feu dans
notre tanière de terre battue et nous parlions du
monde civilisé et des salons comme si nous n'avions
pas été vêtus en véritables brigands de grand
chemin. Mais le plaisir de cet entretien peu à sa
place ne fut pas assez vif pour me faire accepter
l'aimable invitation de ces messieurs de passer
la nuit à boire du vin de Champagne qu'ils appor-
taient de Russie. Ils allaient arriver à Téhéran
dans deux jours, et moi je commençais à entrevoir que toutes mes prévisions, quant à la durée
de ma route, pouvaient bien avoir été des illusions.

Je fis la faute, le lendemain, de m'apitoyer sur
mes gens et sur moi-même. Le temps n'était pas
aussi sombre que la veille, mais il était plus froid,
et je consentis à entrer dans un village pour nous
y réchauffer un peu au tendour des paysans. Nous
souffrîmes infiniment plus le reste de la route
et je crus que nous n'arriverions jamais. Quant
à doubler la station, personne n'en parla ;

nous étions à Kazvyn et le logement était
bon.

Kazvyn a conservé quelque chose de son ancien
état de capitale de la Perse. Un vaste palais un
peu ruiné, bien désert maintenant, mais qui a
grand air et dont la porte monumentale est digne
des puissants monarques qui jadis l'ont fait élever ;
une place, espèce de boulevard planté d'arbres
et s'étendant devant les façades du palais ; des
cimetières qui annoncent que les générations passées étaient autrement nombreuses que les populations actuelles et surtout autrement riches ; une
foule de sépultures construites et sculptées avec
cette belle pierre des environs d'Ourmyah, moitié
marbre et moitié albâtre, dont la teinte jaune
rappelle les carrières de Paros, y sont remarquables ; enfin, une mosquée inoubliable, carrée
comme une boîte, sans ornements saillants, mais
toute revêtue d'émaux bleus à ramages et à ara-
besques blancs, oranges et noirs, qui fait l'effet
le plus prodigieux, sont les objets qui font l'admiration des voyageurs. J'échangeai par messagers
quelques politesses avec Hadjy-Khan, le vizir du
prince gouverneur. Je l'avais vu à mes précédents
voyages. Ce dernier est âgé de neuf à dix ans.
C'est un frère du roi et il vit dans sa ville avec sa
mère. Mais toute l'autorité réside en fait dans les
mains d'Hadjy-Khan. Il n'y a pas grand bien à
dire de celui-ci. Deux fois déjà on lui a rendu justice en le destituant d'autres emplois et en le dé-
pouillant de ce qu'il avait gagné par trop d'adresse

et de violences. Il trouve toujours moyen de revenir sur l'eau ; cependant il y a peu de gouverneurs aussi mauvais dans l'Iran.

Après Kazvyn, venait Syadèvyn, à cinq heures de marche. Ce ne fut pas une journée très pénible. Il gelait fort, la neige portait bien et le soleil brillait. Tout ce pays est couvert de vignes de différentes espèces produisant toutes des raisins excellents. On y recueille des melons en grande abondance et beaucoup de coton. Mais il n'était pas question de cela pour cette fois.

En arrivant à Syadèvyn, nous aurions volontiers doublé le menzil, car il était de bonne heure. Malheureusement, la traite qu'il aurait fallu faire pour atteindre Kurremderrèh se présentait comme une des plus longues du voyage. Il s'agissait de neuf heures. On ne devait pas même y songer. Tout ce que nous pûmes faire ce fut, le lendemain, de monter à cheval à cinq heures du matin au clair de lune.

Nous n'avions pas marché deux heures que nous vîmes bien que la journée serait dure. La route cessa de se présenter sous l'aspect d'un terrain vaste plus ou moins bien battu. Elle devint un sentier de deux pieds de large, circulant entre deux murs de neige de trois ou quatre pieds de haut ; et dont le fond, pratiqué par les mulets des caravanes qui mettent toujours le sabot où l'a placé l'animal qui les précède, était taillé en escalier. Il fallait cheminer avec lenteur et précaution, et si les chutes devenaient moins fréquentes, elles n'étaient pas absolument rares. Il ne doit naturellement pas être question de quitter cet étroit passage pour se risquer soit à droite, soit à gauche. L'épaisseur de la neige est inconnue sur les côtés ; le vent qui la balaye et la porte dans les creux du terrain égalise à l'œil le niveau de la plaine, et en allant à l'aventure on peut, à la vérité, trouver six pouces de fond, mais aussi dix et douze pieds ; et, comme la chaleur du sol s'exerce à une certaine profondeur sur ces masses accumulées, il arrive qu'elles fondent en dessous et forment croûte. Si l'on tombe dans ces abîmes, on n'en revient guère, malheureusement ; on peut s'y engloutir facilement et voici comment. On part le matin par un beau temps ; une demi-heure après s'élève un de ces vents qu'on n'oublie jamais après les avoir éprouvés. C'est ce qu'on appelle le *koullak*. La neige enlevée en épais tourbillons comble le sentier ; on manque la trace, on est perdu. Des caravanes entières disparaissent hommes et mulets, et on les retrouve au printemps. A plus forte raison en est-il ainsi des voyageurs égarés.

Le chemin de Syadèvyn à Kurremderrèh présentait encore un autre avantage. Il se compose d'une suite de montées et de descentes très courtes, et par conséquent très nombreuses ; dans toutes les descentes on mettait pied à terre, afin de n'enfoncer que jusqu'à mi-jambes, le cheval n'en ayant alors que jusqu'aux sangles. Mais les chevaux de bagages tombaient régulièrement à tous ces passages, et le plus souvent il fallait les débarrasser

des caisses et des paquets pour les relever. Le vent
faisait un tel vacarme qu'on ne s'entendait pas
nez à nez, et on criait comme des aigles. Les Persans prennent très bien ces misères, et s'y montrent
gais et résolus. Nous arrivâmes au menzil, ayant
marché quatorze heures au lieu de neuf. En entrant dans la maison nous retrouvâmes le courrier
anglais qui nous avait dépassés, et qui n'avait pu
franchir Kurremderrèh. Ce temps détestable devint encore pis et pendant vingt-quatre heures il
fut impossible de bouger. Quelle différence avec
l'année précédente ! le pays était riant, l'été finis-
sait, les plus fortes ardeurs du soleil s'éteignaient.
Les ceps se montraient lourds de grappes et tout
couverts de pampre. Les melons et les pastèques
jonchaient les champs de leurs globes dorés ou
d'un beau vert ; les saules touffus ombrageaient
les maisons du village, et les moissons étalées sur
les aires répandaient à grands flots les épis qui
roulaient sous le char dont on se sert en Asie au
lieu du fléau de nos batteurs. Je me rappelai que
nous avions alors campé sur un petit îlot du milieu
de la rivière, et il nous était arrivé là une aventure
que je veux raconter, puisque me voilà bloqué par
la neige juste aux mêmes lieux.

Nous avions rencontré en route un chef des
Schah-è-Sévends, accompagné de quatre de ses
hommes. Abbas-Kouly-Khan, tel était le nom de
ce cavalier d'importance, se prélassait avec un
assez grand air sur un cheval des plus maigres.
Son costume de mille couleurs montrait la corde

et ne manquait pas de déchirures, mais sa selle
était rouge et il tenait en évidence un très grand
sabre. Il se faisait précéder d'une espèce d'estafier
portant pompeusement devant son maître une
lance de quinze pieds de long, ni plus ni moins
que l'écuyer d'un grand seigneur.

Abbas-Kouly-Khan, après m'avoir salué, m'in-
forma qu'il était un des hommes considérables
de sa puissante tribu ; que le roi et le premier
ministre, désireux de s'assurer son appui, l'avaient
chargé de la police de la route entre Kazvyn et
Zendjan. Il avait accepté cet emploi glorieux et le
remplissait avec sa suite, et d'un geste il nous montrait ses cavaliers, quatre gaillards d'assez mauvaise mine, je dois l'avouer. Il m'annonça l'intention de nous accompagner quelque temps :
« Car, ajoutait-il, la route n'est pas sûre. Les
Khâkèvends sont une très mauvaise tribu, et nous
sommes sur leur territoire. Sans moi je ne sais
à quels excès ils se porteraient tous les jours.
Bref, je me regarderais comme coupable si je vous
laissais aller sans escorte. » Je savais un peu à
quoi m'en tenir sur ces périls fantastiques. Toute
tribu dont vous parle un nomade est toujours
mauvaise, à moins que ce ne soit la sienne. Dans
mon opinion, les Khâkèvends n'étaient pas plus
malhonnêtes que les concitoyens du seigneur présent ; mais il avait tellement envie de recevoir
une gratification, et je le compris si bien, que je
l'autorisai à nous protéger jusqu'au menzil. J'eus
donc le plaisir de le contempler à côté du chef

de mes gens ; il chevauchait fièrement, le poing
sur la hanche, la tête haute, l'air superbe, parlant
sans cesse, donnant des ordres péremptoires et
fumant mon tabac, en un mot admirable à voir.
Nous l'appelâmes le capitaine Rolando.

Vers le soir, à peine descendu de cheval, je
m'aperçus à la mine mystérieuse de mes hommes
qu'ils avaient quelque chose à me communiquer.
Ils chuchotaient, ils allaient, venaient et, quand
je me tournais de leur côté, ils prenaient l'attitude
discrète de gens qui brûlent d'être interrogés. Je
ne leur refusai pas ce plaisir, et j'appris que nous
courions les plus grands dangers ; que les indisciplinables Khâkèvends nous menaçaient d'une
attaque nocturne, que tout était à craindre,
qu'Abbas-Kouly-Khan avait des nouvelles posi-
tives de ce qui se tramait, qu'un complot formi-
dable se couvait aussi dans le village, mais, en
somme, que je ne devais rien appréhender, attendu
que le Khan répondait de tout, avait tout prévu
et pris ses mesures en conséquence. En écoutant
cette déclaration faite à demi-voix par des garçons
médiocrement belliqueux et aussi crédules que
menteurs, je regardais du coin de l'œil l'héroïque
Abbas-Kouly ; je l'admirais assis sur un tertre
auprès du feu qu'on venait d'allumer, et fumant
plus que jamais en attendant que le souper fût
servi. J'engageai tout le monde à se calmer et,
aussitôt la dernière tasse de thé consommée, à
s'endormir sous la garde de Dieu. A ce voyage
j'avais vingt-deux hommes avec ma famille. Le

silence régnait partout à la ronde, dans les tentes,
près des feux, quand tout à coup un cri s'éleva à
quelque distance ; un grand trouble agitait ma
ruche, une violente altercation avait lieu ; des paroles véhémentes et des exclamations de triomphe
nous arrivant, nous comprîmes que s'il y avait eu
danger, il était conjuré, et nous nous rendormîmes.
— A l'aube, je demandai des nouvelles de l'inci-
dent de la nuit. « Monsieur, me répondit mon in-
tendant, d'un air honteux, nous avons fait un prisonnier et le Khan l'a fait attacher solidement,
pensant que c'était un voleur ; mais il paraît
maintenant que c'était le propriétaire du jardin
voisin qui regardait par curiosité par-dessus son
mur. Il a été reconnu tout à l'heure par des paysans
et par des gens du village, et nous allons lui faire
prendre le thé avec nous pour qu'il se console de
sa mésaventure. Si cet imbécile d'Abbas-Kouly-
Khan ne nous avait pas tourné la tête avec ses
histoires de brigands, jamais nous n'eussions commis une semblable méprise, d'autant moins que
cet homme est très complaisant et qu'il vient de
nous apporter des fruits et des melons. » — Je
vis que la popularité du redoutable Abbas-Kouly-
Khan était perdue chez mes gens ; il n'en avait
pas l'attitude moins fière, et en nous séparant quelques heures plus tard, il voulut refuser l'argent
que je lui faisais offrir. Il ne m'avait accompagné,
disait-il, que pour l'honneur de ma société. Ce disant, il mettait néanmoins les tomans dans sa
poche. Il ajouta, qu'insensible à un don si vulgaire,

il serait profondément touché au cas où je voudrais
bien lui donner un pantalon, attendu que le cadeau
d'un vêtement constitue vraiment le kalaat ou
présent d'honneur, et que l'or n'est qu'une honte
pour un gentilhomme. J'admirai ces principes élevés, mais je répondis que j'étais très mal fourni,
pour le moment, en pièces d'ajustement, et que ce
serait me témoigner son affection que de se con-
tenter de ce que je pouvais faire. Le Khan secoua
la tête d'un air obligeant mais contrarié et me fit
ses adieux ; après m'avoir souhaité mille prospé-
rités, il monta à cheval et disparut au galop avec
ses quatre coquins.

Le souvenir amusa un peu mon séjour forcé à
Kurremderrèh. Nombreuse compagnie était réunie
dans le village. Deux caravanes et un régiment
revenant de Hérat attendaient que la route fût
libre. Les vivres étaient communs fort heureusement, et le bois aussi. Le second jour, nous es-
sayâmes de passer, et nous ne pûmes cependant
atteindre le menzil de poste de Sultanièh. Les deux
caravanes, le régiment, battus par la tourmente,
se réfugièrent avec nous dans un hameau, joli
l'été, avec ses grandes plantations de saules, ses
riches moissons de blé et ses jardins délicieux, mais
très maussade dans la mauvaise saison. Comme il
n'y avait point de maison de poste, je fus logé
chez un paysan ; il avait une très bonne chambre
qu'il me céda volontiers.

Le lendemain nous partîmes pour Sultanièh,
n'ayant plus à faire que quatre heures de marche.

Le temps était beau ; ni vent, ni neige, ni brouillard. Seulement il faisait froid, et un de nos hommes faillit avoir le pied gelé.

Nous vîmes là comment les caravanes s'y prennent pour rétablir le sentier quand il a été comblé par le koullak. C'est à elles que revient cet emploi. Un des muletiers s'en va devant avec un petit cheval de peu de mine, mais fort bien dressé. Cet animal sent la neige et s'y aventure. Il s'arrête, il réfléchit, il aspire à terre, change de route, fait des tours et des détours, bref il trouve l'endroit où l'on peut passer. Alors, les mulets suivent en mettant leurs pieds où il a mis les siens, et c'est ainsi que se refait le sentier et l'escalier, le bienfait et l'inconvénient. Cette journée fut très égayée par la rencontre de beaucoup de paysans qui s'en allaient au-devant du régiment. Car c'était le régiment de Sultanièh que nous avions vu, et qui rentrait dans ses foyers. A chaque instant un de ces braves gens nous demandait : « Avez-vous rencontré Aly, fils de Kassem ? » A quoi Hassan Kaschy, le cuisinier, répondait : « Oui, il vient derrière nous ; il se porte bien et vous fait ses compliments. » Les parents enchantés nous comblaient de bénédictions et poursuivaient leur route.

A trois minutes de là, un jeune homme arrivait sur une mauvaise jument, le nez rouge de froid, les yeux émérillonnés. « Messieurs, vous n'êtes pas sans connaître Mirza Moussa, vékyl (sergent) dans le régiment de Sultanièh. Comment se porte-t-il ? vient-il aujourd'hui ? — Non, répondait Djafer, il a été retenu à Téhéran par le premier ministre, qui veut le faire colonel. » Le petit jeune homme restait confondu.

« Monsieur, me disait Djafer, qui en sa qualité de Bakhtyary avait pour les Turcs le mépris le plus souverain, voyez à quel point ces gens-là sont idiots ! Parce que nous venons de Téhéran, ne s'imaginent-ils pas que nous devons connaître tous les faquins de soldats qui sont de leur pays ! Il n'y a rien de plus âne au monde que les Turcs ! »

A Sultanièh, nous trouvâmes les restes de cette grande et belle mosquée du sultan Khodabendèh, qui, lorsqu'elle était debout, passait pour le plus vaste des temples musulmans du monde. Aujourd'hui, elle est bien décrépite. Mais on découvre encore de très loin son dôme à moitié écroulé et couvert d'émail bleu. Il s'en faut d'ailleurs de beaucoup que le style et les matériaux de cette construction gigantesque indiquent une œuvre de la plus belle époque. Sultanièh a aussi été une capitale. Aujourd'hui ce n'est qu'un pauvre village. Outre la mosquée, on y trouve un immense pan de mur revêtu en pierres de taille à l'extérieur, et construit en petites pierres assez mal ajustées au dedans. A quelque distance, dans le nord, se voient des imamzadèhs ou tombeaux de saints, bâtis en coupoles, et à l'orient, sur un monticule formé par les ruines d'anciens bâtiments, un palais construit par le roi Feth-Aly-Schah et restauré par le souverain actuel. La plaine de Sultanièh est vaste et il y a quelques années le roi y passait les étés.

Elle est fraîche et très favorable au campement
des troupes. Elle ne l'est pas moins au développement du choléra, qui y a fait des ravages épou-
vantables la dernière fois que la cour y est venue.
De plus, ces pâturages marécageux sont infestés
par des légions de rats. Le koullak s'y fait quelquefois sentir avec une grande force et en rend le
séjour désagréable.

De Sultanièh à Zendjân, on met cinq heures,
en temps ordinaire. Nous fîmes la route en sept
heures, et en arrivant à la maison de poste je
trouvai le gendre du gouverneur, mon ancien ami
d'Ispahan, Tchoragh-Aly-Khan, qui venait me
faire des reproches de la part de son beau-père de
ne pas être descendu chez lui, comme à mes précédents voyages. Je lui fis comprendre que j'allais
en poste et devais repartir dès le lendemain.

Zendjân porte encore les traces de l'insurrection
des Bâbys. Ces révoltés s'y étaient retranchés et
s'y défendirent avec un tel acharnement qu'il
fallut ruiner la moitié de la ville pour venir à bout
d'eux. Après la victoire, on s'abstint de faire des
recherches, de peur d'être obligé de sévir contre
la population entière ; à l'heure qu'il est, on a lieu
de craindre que les sentiments hostiles à la dynastie
n'aient pas beaucoup diminué. Le bazar de Zendjân n'est pas beau, cependant il s'y fait des
affaires.

Nous partîmes tard. Grâce à l'amitié du gouverneur et à l'hospitalité du maître de la poste, mes
gens avaient passé la nuit à banqueter. En cons-

cience, je ne pouvais pas les quereller de cette con-
solation de passage au milieu de la dure existence
que je leur faisais, et je pris patience.

Il n'y a que six heures de Zendjân à Bâgh. Mais
le vent nous tourmentait fort, le chemin fut si
mauvais et les charges tombèrent si souvent, que
nous mîmes neuf heures pour y arriver. Il faisait
nuit, et pendant la dernière heure nous aperçûmes
beaucoup de loups qui commençaient leurs rondes.
Bâgh ne possédait pas de bois à brûler. Mes hommes
en improvisèrent en achetant des portes de maisons et des berceaux d'enfants.

Comme on apportait le thé, de grands cris
d'appel qui se répondaient retentirent dans le
hameau et dans la campagne. Je sortis de la maison
de poste. La nuit était profonde et vraiment hor-
rible ; le vent soufflait avec furie. Il était arrivé
qu'un paysan avait cru entendre une voix affaiblie
dans les champs. Le village s'était aussitôt mis
sur pied et allait cherchant d'où pouvait partir
cette triste voix. Après une heure de marches très
dangereuses, on trouva dans un trou profond un
pauvre diable de courrier qui avait perdu la route
et était assis sur son cheval mort, désespérant de
sa position et attendant les loups. On le rapporta
dans un état déplorable. Mais le lendemain, il avait
repris courage. Je dois faire remarquer ici que ces
paysans risquaient réellement leur vie pour leur
prochain, et le faisaient gratis et par pure charité.
Le fait est très ordinaire en Perse, sous une forme
ou sous une autre.

Quand le jour parut, la poste et le village étaient enterrés dans la neige. Le koullak soufflait à cœur joie : pas moyen de mettre le pied dehors.

Par aggravation, le jour n'entrait dans la chambre voûtée du tchaparkhanèh que par la porte, qu'il fallait tenir barricadée, et, grâce à la tourmente, la fumée, ne pouvant pas sortir de la cheminée, tourbillonnait intérieurement. La seule ressource était de se tenir couché à plat ventre sur le tapis, et c'est ainsi que je passai la journée tranquillement et à lire l'*Iliade*.

Le surlendemain, nous partîmes pour Akkend. Il y a sept heures de marche. Nous en fîmes dix, parce qu'en plusieurs endroits, il fallut mettre pied à terre et se faire un chemin, tout en enfonçant jusque par-dessus les genoux. Akkend est un très bon menzil. Le tchaparkhanèh étant à moitié écroulé, je logeai chez un paysan, brave homme qui ne me laissa pas manquer de bois.

Il s'agissait de gagner Meyanèh, et ce n'était pas aisé. Sur la route, se trouvait le passage du *Khaflan-Kouh*, ou montagne du Tigre. On nous dit à Akkend que trente soldats d'un régiment en marche venaient de s'y égarer et d'y périr. De trente j'ôte vingt-huit et retiens deux. C'était déjà assez pour que nous prissions nos précautions.

Nous retrouvâmes ce jour-là notre éternel courrier anglais, qui nous dépassait sans cesse et se laissait toujours rattraper. Il fut honteux de nous revoir, et on ne lui épargna pas les plaisanteries, mais personne n'eût fait mieux à sa place. Nous

rencontrâmes aussi un des ghoulams de notre
légation, venant d'Erzeroum. Il était en retard de
vingt jours et avait une jambe gelée.

Au milieu du Kaflan-Kouh, on aperçoit un
beau grand château en ruines dans la situation
la plus romantique du monde. On l'appelle le château de la Fille, je l'avais visité en été. Il sert
souvent de retraite à des bandes de Schah-è-
Sévends qui font de là des courses sur les routes
environnantes. Mais pendant l'hiver les loups tout
au plus s'y peuvent tenir. Nous passâmes à peu
près toute cette journée dans le brouillard et
ayant les yeux bien malades. Enfin nous arrivâmes
à Meyanèh.

C'est une petite ville ; un prince du sang en
est le gouverneur. La réputation de Meyanèh est
fâcheuse. On prétend que les punaises qui y abondent font des piqûres mortelles. Je suis très disposé à douter de ce prodige, d'abord parce qu'on
assure que ces piqûres ne tuent que les étrangers,
ensuite parce que j'ai vu nombre de personnes très
étrangères à Meyanèh qui y ont couché souvent et
n'en sont pas mortes. Enfin, j'y ai couché deux
fois moi-même et n'ai pas succombé non plus.
Mais je n'ai pas aussi bonne opinion, tant s'en
faut, des rizières et des marécages qui entourent
la ville et doivent certainement engendrer des
fièvres pestilentielles dont les effets sont injustement imputés à d'innocents insectes. Il y a encore
quelque chose de plus laid à Meyanèh que les punaises.

Ce sont des malheureux difformes et hideux à
voir ; hommes, femmes et enfants, ils sont établis
à la tête du pont de cette ville, sur le Kizil-Ouzen,
du côté du Kaflan-Kouh. Ils demandent la charité
aux passants. Leur attouchement, dit-on, pourrait
donner leur mal. Cette infâme population, plus
dangereuse que nos anciens lépreux, commence au
sortir de Zendjân et se continue tout le long de la
route jusqu'à Tébryz. On ne lui permet pas d'entrer dans les villes. Elle habite les champs, s'y
bâtit des cabanes et y cultive la terre pour sa nourriture ; mais, pour son propre malheur, elle s'y
reproduit sans obstacle. Il ne se peut rien de plus
repoussant que ces misérables.

A Meyanèh, on venait de reconstruire les chambres du tchaparkhanèh. C'était un appartement
complet de trois pièces, blanc et d'une propreté
charmante, le premier que je vis ainsi, seulement
il avait beaucoup de fenêtres et pas une vitre.
On calfeutra tant bien que mal avec des tapis.

Le koullak nous força d'y rester deux jours. Je
ne m'y ennuyai pas trop, parce que Meyanèh est
le séjour d'une colonie de musiciens fort intéressants. Ce sont des hommes appartenant à la tribu
turque des Schégarys, habitant les environs. Ils
s'adonnent à toutes sortes de professions errantes.
Ils se font entrepreneurs de pèlerinages, conduc-
teurs de morts aux stations saintes, directeurs de
spectacles, mais surtout musiciens. Leurs principaux professeurs sont à Meyanèh, et c'est toujours
là qu'ils reviennent après avoir fait des voyages

souvent considérables. Comme on m'avait dit qu'ils rapportent d'ordinaire à leurs femmes des bijoux et des colliers de médailles de tous les pays qu'ils parcourent, j'avais eu affaire à eux pour leur demander des monnaies antiques. Mais je ne trouvai rien dans le grand nombre de pièces d'argent qu'ils me montrèrent. Je me rabattis alors sur la musique, et j'eus un concert composé de quatre instruments, un kemantchêh, deux târs et un dombêk, plus deux voix d'hommes, dont l'une assez belle. Je passai une soirée fort agréable.

Le lendemain nous partîmes et, en huit heures, nous arrivâmes à Turkman-Tchay, village célèbre par le traité qui y fut conclu entre la Russie et la Perse, en 1828, et qui coûta à ce dernier pays ses provinces du Caucase.

Toute la population était en l'air. On avait annoncé pour le jour suivant l'arrivée du kaïmakam de Tébryz, frère aîné du premier ministre qui, s'étant un peu trop enrichi dans sa ville, allait à Téhéran pour éviter les suites d'une insurrection dont il était menacé. Je vis là comment se payent les voyages des grands fonctionnaires. On avait demandé au village tant de livres de viande, tant de mesures de lait, tant de charges de bois. Les paysans avaient doublé les prix : les agents du kaïmakam avaient doublé les quantités reçues, et, en échange, donné des délégations qui devaient figurer à décharge dans les payements de l'impôt ; de cette façon tout le monde était content, et l'État seul, comme d'ordinaire, condamné à perdre.

Le matin, le temps était mauvais, cependant pas assez pour ne pas partir, et nous nous mîmes en route. Contrairement à ce qui nous arrivait d'ordinaire, nous ne marchâmes pas dans la solitude. De bonne heure, nous commençâmes à rencontrer les gens du kaïmakam qui voyageait avec une grande suite, éparpillée par pelotons. Il ne fut pas toujours facile de s'entendre à qui céderait le pas dans le sentier étroit, ce qui nous fit perdre beaucoup de temps. On nous avait dit que ce grand dignitaire avait fait construire une machine merveilleuse pour avoir chaud en chemin. C'était un takht-è-revan ordinaire, c'est-à-dire une litière portée par deux mulets, un devant, l'autre derrière, et contenant à l'intérieur un poêle avec son tuyau sortant sur le devant. Nous vîmes aussitôt cette sublime invention déboucher de derrière un tas de neige. Elle ne ressemblait pas mal à une locomotive. Mais son mérite avait été bien vite éclipsé. A peine au sortir de Tébryz, un des mulets tomba, le poêle s'ouvrit et répandit ses charbons enflammés sur le pauvre kaïmakam, qui se mit à pousser des cris proportionnés pour le moins au péril qu'il courait, et qu'on retira à grand'peine de l'incendie. Il ne voulut plus rentrer dans son véhicule, qui fut abandonné et s'en allait avec les bagages. Quant à lui, il continua sa route à cheval.

En me voyant il insista malgré le froid pour s'arrêter et fumer un kalian avec moi. Je lui fis observer qu'il était tout près de sa station, que j'étais très loin de la mienne, et que le vent mena-

çait ; nous nous fîmes donc nos adieux en peu de
mots et poussâmes chacun de notre côté.

Au bout d'une heure, j'étais seul avec mes
gens dans le désert. Je n'ai jamais vu journée plus
longue, plus sombre, plus rude. La nuit vint longtemps avant que nous fussions arrivés. Le vent
soufflait et le sentier disparaissait sous les nappes
de neige que son souffle balayait. Près de la station, des paysans passèrent à côté de nous et nous
dirent : « Nous sommes du pays, et cependant
nous nous croyons en danger de mort ; que faites-
vous là, vous étrangers ? » Au fond nous n'étions
pas à l'aise.

On prend alors quelquefois une sorte de vertige
très dangereux quand on est seul. Sans perdre tout
à fait le sentiment, l'on ne voit plus où l'on va, on
aperçoit dans l'obscurité une espèce de mirage,
des objets qui ne s'y trouvent pas. Ce qui est à
deux pas paraît très loin, et le bruit de la voix
arrive comme d'une distance énorme. Si l'on a
un petit ravin à descendre, il semble que l'on se
précipite dans un gouffre. Quand nous entrâmes
à Dikmètasch, je crois qu'il était temps. Nous
avions mis quatorze heures pour faire environ
dix lieues.

La journée du lendemain fut courte. Nous
n'allâmes pas plus loin que Hadjy-Abad, détestable village. De Hadjy-Abad à Seyd-Abad, nous
mîmes quatre heures seulement, et tout alla à
merveille. Seyd-Abad est charmant et possède un
des plus beaux tchaparkhanèhs de la Perse. De là

C'est le cas ou jamais de dire le grand mot par
lequel les historiens persans se tirent de toutes
les contradictions de leurs chroniques : Dieu seul
sait positivement ce qui en est ! Mais, incontestablement, on assassine beaucoup sur cette ligne.

Khalifèh-Kouly-Khan voulut me recevoir chez
lui. Il est logé dans une maison en terre, la plus
belle de la contrée, mais dont un paysan un peu
aisé de l'Aragh ne se contenterait pas. Heureusement pour ses hôtes, il a épousé une femme de
Tébryz, de sorte qu'on fait, chez lui, excellente
chère. Tous les secrets de la cuisine persane et
turque n'ont pas de mystère pour la personne de
mérite qui habite l'enderoun du chef. Les *kouftehs*,
hachis de mouton enveloppés dans de légères feuilles
de vigne et rôtis ; les *fezendjans*, salmis de gibier
au jus de grenade, enfin, jusqu'à ce ragoût à l'ail
si justement nommé les *pâmoisons du moullah*,
furent préparés avec une rare perfection. Mon
hôte se fit un devoir de me faire goûter de tout. Il
avait avec lui quatre de ses fils. Un cinquième est
marié dans les environs avec la fille d'un chef
kurde qu'il a enlevée.

Khalifèh-Kouly-Khan, quoique ayant dépassé
de beaucoup la jeunesse, est un homme d'une
vigueur corporelle extraordinaire et d'une grande
bravoure. Il me montra un ours énorme qu'il a
tué, il y a peu d'années, sur la route d'Erzeroum,
et qu'il a fait empailler et placer en trophée sur
la maison de poste avec deux autres compagnons
de moindre taille. C'est un véritable chef, et je ne

de Téhéran, d'autant moins qu'ordinairement ce
passage ne se fait guère sans qu'on y tombe malade, l'air de l'Azerbeïdjan, province dont Tébryz
est la capitale, étant évidemment contraire aux
personnes qui quittent l'Aragh. Somme toute, les
considérations commerciales mises à part, Tébryz
est un triste pays.

Cette fois, je n'y restai que trois jours, pendant
lesquels j'eus beaucoup à me louer de Son Altesse
Royale Ardeschyr-Mirza, gouverneur de la province, et je me remis en voyage.

Tchabesèr, à huit heures de Tébryz, et Tesvytch,
à sept de Tchabesèr, ne présentèrent aucun inci-
dent différent de ce qui avait déjà marqué notre
itinéraire, si ce n'est que, dans ce dernier village,
ruiné complètement par un tremblement de terre
tout récent, on apporta deux hommes morts de
froid sur la route. Nous vîmes le beau lac d'Ourmyah et suivîmes quelque temps son rivage couvert de neige et qu'une bande de loups côtoyait
avec nous.

De Tesvytch à Khoy, c'est huit heures à travers
les montagnes et, comme on dit, les *gherdénèhs*
(les tournants).

Khoy est une ville charmante ; sa belle porte,
construite en marbre noir et blanc, dans le goût
des édifices du Caire, et comme je n'en ai vu nulle
part ailleurs en Perse, donne immédiatement
entrée dans le bazar. Khoy est riche, marchande
et célèbre par ses fabriques de chaussons de laine
tricotés ou tissés avec beaucoup de goût. On voit

autour de la ville de très belles plantations d'arbres
et, ce qui est trop rare pour ne pas être dit, le gouverneur actuel, prince de la famille royale, est le
créateur de ces plantations. C'est un administrateur intelligent et un soldat d'une grande bravoure, comme il a souvent lieu de le prouver
dans ses rapports avec les Kurdes de la frontière.

En quittant Khoy nous allâmes à Zourâbâd. Je
m'aperçus que nous commencions à abandonner la
Perse, car, la nuit, on voulut forcer la porte de
ma chambre pour voir ce que j'emportais avec
moi. Une escorte fut jugée nécessaire et nous prîmes
trois Kurdes, déterminés coquins, afin de paralyser
leur vaillance. A une grande lieue du village, ils
nous abandonnèrent, estimant sans doute que rien
ne pouvait nous arriver de fâcheux et, en effet,
ils devaient le savoir mieux que personne. Nous
ne trouvions plus désormais cet air jovial et poli
auquel nous étions habitués, mais un aspect sombre
ou des figures patibulaires, ignobles dans leur défé-
rence ; par-dessus le marché, des maisons ou plutôt
des trous creusés en terre, dont toute propreté
était absente.

Hassan Kâschy, mon cuisinier, avait sa sœur
mariée à Kareÿny, où nous arrivâmes en quittant
Zourâbâd. Il alla la voir. Quand il revint : « Ah !
monsieur, me dit-il, la malheureuse ! Il y avait
quinze ans que je ne l'avais vue ; elle ressemble à
un diable dans un enfer. Son mari, elle, ses enfants
crient au milieu des guenilles et de la boue ; et le

pis de tout cela est qu'elle ne s'en aperçoit même plus ! »

A Kareyny, nous reprîmes une escorte composée de trois Kurdes Djelalys, soi-disant revenus de leurs erreurs passées, mais qui n'en avaient pas l'air. Comme leurs camarades de la veille, ils jugèrent peu utile de prendre froid en nous suivant plus loin, et disparurent quand nous eûmes fait deux cents pas. Nous arrivâmes donc seuls à Avadjyk, le dernier village persan, siège de la tribu des Ayramlous et séjour du chef de cette tribu, Khalifèh-Kouly-Khan, garde de la frontière.

Ce puissant personnage envoya un de ses fils et une partie de ses cavaliers à ma rencontre. C'étaient de vrais soldats, le modèle d'une troupe de cavalerie légère, de taille médiocre, mais bien faits, lestes, dégagés, bronzés à toutes les intempéries, habitués à tous les coups de main. Ils portaient le koulydjêh, tunique persane, de gros drap sombre, le bonnet de peau d'agneau, petit et bas, coiffure aussi commode et élégante que le grand bonnet à la mode est gênant et ridicule, le sabre au côté et le fusil en bandoulière. Ces braves gens sont garde-frontières de profession, mais ils savent s'accommoder de plus d'un métier. Comme les limites turques, russes et persanes se rencontrent dans leur voisinage, les hommes déterminés des trois provinces se sont fait une impunité très difficile à contrôler. Sur terre persane, les Turcs endossent la responsabilité de tout le mal qui arrive. Dans les deux autres pays, ce sont les Ayramlous.

nous arrivâmes enfin à Tébryz, et c'est ainsi que nous fûmes dix-neuf jours à faire une route que nous nous étions flattés d'achever à notre aise en sept. A la vérité, les circonstances sauvaient notre amour-propre.

Tébryz est une grande ville, plus grande que Téhéran, plus peuplée aussi et, financièrement parlant, plus importante, car c'est l'entrepôt de tout le commerce de la Perse avec la Russie, la Turquie et l'Occident. Ses bazars sont très vastes. Sa citadelle, construite par les Seldjoukydes, présente des parties fort belles et a grand air. Elle est en briques cuites et dans des proportions gigantesques. La ville possède aussi les ruines d'une mosquée dont les émaux sont du goût le plus pur et le plus délicat. Mais, en somme, Tébryz n'est pas une résidence agréable. Le climat en est détestable, pluvieux, froid, et je le crois malsain.

Les tremblements de terre y sont fréquents, et nous en avions ressenti un assez fort à mon précédent voyage. Il y a même un dicton qui annonce que Tébryz sera détruit et renversé par un tremblement de terre. La population est extrêmement remuante et brutale.

Excepté les fonctionnaires, personne n'y parle le persan, mais un dialecte turc. Ceci se remarque depuis Zendjân. Les loutys de Tébryz se sont fait une réputation par toute la Perse par leurs mœurs violentes et sauvages. Quant aux moullahs, ils sont les plus décriés des moullahs. Il ne reste donc pas grand bien à dire de cette ville quand on vient

doute pas qu'il n'entende à merveille la politique
un peu violente des frontières ; mais est-ce à son
profit exclusif ou pour le plus grand bien de la
tranquillité publique ? On peut avoir des doutes
à cet égard sans être trop sceptique, bien que le
khan se dise d'une piété au-dessus de tout éloge.

Le village d'Avadjyk n'a rien de remarquable
qu'une ancienne église arménienne en ruines. La
population chrétienne a autrefois quitté ce lieu
pour émigrer en Géorgie, et les Ayramlous qui,
à leur tour, ont abandonné la province d'Érivan
lors de la cession qui en fut faite à la Russie, ont
pris la place restée vacante.

Le temps ne s'améliorant pas me fit rester deux
jours à Avadjyk. A mon départ, Khalifèh-Kouly-
Khan m'accompagna jusqu'à quelque distance du
village, et, lorsque j'insistai pour qu'il rentrât
chez lui avec ses gens, il partit à regret en m'obligeant à garder trois de ses hommes. Cet attendrissement de leur chef n'empêcha pas mes trois
Ayramlous d'imiter parfaitement les Kurdes des
jours précédents et de m'abandonner très vite.
Cette fois il faillit nous arriver mal. Sur l'extrême
frontière nous fîmes rencontre d'une bande de
muletiers arméniens, sorte de gens extrêmement
brutaux et habitués à toutes les violences.

Un de leurs mulets tomba dans la neige au milieu
du sentier et celui qui le conduisait, accablant
d'injures notre postillon qui se trouvait arrêté
devant cet obstacle, le saisit brusquement par la
barbe.

La querelle aurait mal tourné si elle s'était prolongée. Les agresseurs étaient armés jusqu'aux
dents, et à nous tous nous possédions une paire
de pistolets que Djafer avait à la ceinture et deux
gâmâs. Heureusement, tout se calma, et je dois
avouer que nous ne vîmes pas sans quelque plaisir
défiler nos antagonistes. Le meilleur de notre
affaire était la saison. Car au printemps, nous aurions pu avoir sur les bras les Djelalys qui rôdent
alors dans ces parages. Heureusement nous atteignîmes bientôt le territoire turc et laissâmes les
frontières.

Au loin, nous aperçûmes l'Ararat, dont je ne
saluai d'ailleurs ce jour et les suivants que la moitié
à peine. Le brouillard masquait le reste. Il est beaucoup plus beau et plus net du côté de la Géorgie.
Mais on découvrait très bien Bayazid, à deux lieues
au nord, semblable à une tache noire sur la neige
de la montagne.

Une troupe était rangée en bataille sur la route ;
c'étaient les gens de la quarantaine de Kizil-
Dérêh, accompagnés d'un peloton de lanciers réguliers envoyés à ma rencontre par le kaïmakam de
Bayazid. Les soldats avaient bon air. Les fonctionnaires publics, revêtus de paletots médiocrement conservés et de pantalons fort tristes,
affectaient péniblement la vue. On me conduisit
non pas dans un village, mais au milieu d'un assemblage d'excavations fort grandes et fort profondes.
On y cheminait dans les ténèbres et enfin on se
trouva dans une grotte éclairée par en haut au

moyen d'un soupirail. Ce sont les maisons du pays. Il fait dans ces demeures une chaleur intolérable. Ce n'était pas très gai, mais il fallait en prendre son parti, car dans la Haute-Arménie il n'y a pas d'autres habitations. Quant à du bois on n'en voit plus. On brûle de la bouse de vache desséchée, et on en fait, au reste, de très bon feu. Les gens de la quarantaine se montrèrent fort aimables et me rendirent le service de me démontrer que la politesse persane n'était pas de mise en Turquie. Comme j'exprimais à la façon iranienne combien j'étais touché des attentions qu'on avait pour moi, on me pria de vouloir bien écrire mon avis au kaïmakam, afin qu'il vît qu'on avait suivi ses ordres. Je fis observer que je ne savais ni parler ni écrire le turc. Un scribe leva la difficulté en formulant l'expression de ma gratitude, et je mis mon cachet à cette pièce importante.

A deux moments de là, on me demanda encore si j'étais content. Je recommençai à me déclarer satisfait en termes qui eussent été trouvés convenables à Téhéran. Le scribe, toujours là, écrivit tout courant une nouvelle pièce et de nouveau je cachetai. Enfin une troisième fois on m'imposa une rédaction de mes compliments, j'y consentis encore, mais en faisant observer en même temps que ce serait la dernière.

Le beau de la quarantaine de Kizil-Dérêh, c'est de n'avoir pas un endroit où mettre les voyageurs. Eux et leurs bêtes restent dans la neige ou payent pour s'en aller, ou s'en vont de force quand ils

sont en nombre, ou meurent de maladie et de
misère quand ils n'ont ni assez d'argent ni assez de
pistolets.

A six heures de Kizil-Dèrêh est Dyadyn : c'est
toujours le même assemblage de tanières avec un
fort ruiné en plus. Je fus conduit dans ma caverne
par un vieux Arménien, magistrat du lieu, flanqué
d'un tambour et d'un hautbois qui jouaient un
air d'église. C'était du haut comique.

De Dyadyn à Daschly-Tchay on compte cinq
heures. Sur toute cette route les chevaux sont
détestables, mais moins que les habitants. Nous
trouvâmes au sortir de Dyadyn une place foulée
sur la neige et toute couverte de sang. On y avait
tué un homme la veille au soir.

A Kara-Klessia, sept heures de Daschly-Tchay,
les Arméniens catholiques du lieu voulurent battre
mes gens, et je me vis forcé de traiter rudement
leur chef. Toute cette population est la population
antique anciennement païenne, chrétienne, schis-
matique, aujourd'hui turque ou chrétienne : c'est
la pire canaille de l'Asie. Mais il faut leur rendre
cette justice qu'ils entendent à merveille l'élève
du bétail. Dans leurs souterrains, ils vivent avec
deux ou trois cents buffles, vaches, moutons, qu'ils
soignent dans la perfection et entretiennent aussi
proprement qu'ils sont sales eux-mêmes.

Moullah-Souleyman, Dehar, Khorassan, ne furent que des répétitions des mêmes étables, de la
même figure maussade des habitants, de leurs
mêmes politesses, gauches et contraintes, et de

leur extraordinaire rapacité. A Dehar, je vis une
caravane persane au désespoir. Les muletiers
s'arrachaient les cheveux et les habitants les regardaient faire, impassibles. La veille au soir, les
étrangers avaient été forcés d'accepter un marché
en vertu duquel ils devaient donner un toman,
douze francs, par tête de mulet pour le fourrage.
On les avait contraints, en outre, de payer d'avance.
Le matin arrivé, les bêtes n'avaient rien mangé.
C'est avec de pareilles exactions sans cesse répétées, et que l'administration turque ne fait absolument rien pour réprimer, que le transit important de l'Asie centrale sera contraint d'abandonner
un jour la route d'Erzeroun et de Trébizonde,
pour prendre celle de Tiflis et de Redout-Kalêh.
Ce qui arrivera certainement, aussitôt qu'un service de bateaux à vapeur régulier unira ce dernier
point avec Constantinople, et qu'une route pra-
ticable sera ouverte de Tiflis à Redout-Kalêh.

De Khorassan à Hassan-Galê il y a huit heures.
Nous revîmes enfin là une ville et des maisons ;
on y trouve d'anciennes fortifications du Bas-
Empire que les Turcs attribuent aux Génois.

En apercevant des maisons à plusieurs étages,
des escaliers de bois à rampes et des chambres
ayant des fenêtres sur la rue, il me sembla que
j'étais déjà en Europe. J'eus l'honneur de contempler dans le cadi du lieu une des figures les
plus bassement ignobles que j'aie observées de
ma vie ; je crois que le seul honnête homme qui
m'ait apparu sur cette route était un pauvre

Yésydy, un de ces gens que les Turcs disent adorateurs du diable, et qu'ils maltraitent fort. Mais,
je l'ai déjà dit dans une autre partie de cet ouvrage,
ce que l'on appelle *turc* dans ces contrées ce sont
des renégats, fils ou arrière-petits-fils de renégats,
mais très rarement des Turcs véritables.

J'atteignis enfin Erzeroun, et j'eus quelques
moments de bien-être dus à une hospitalité empressée. De là, je continuai sur Baïbourt, par
Pourtjyk, Kouschfavar et Mésaderêh, voyant toujours les mêmes paysans hargneux et les mêmes
fonctionnaires moroses, malveillants, craintifs, en
paletots déchirés et graisseux. A Baïbourt il fallut
que le mudir, ou sous-préfet, balayât lui-même la
chambre destinée à mes domestiques, parce que
l'orthodoxie sunnite de sa suite se révoltait à
l'idée de rendre ce service à des hérétiques notoires
comme mes Persans. Baïbourt a une forteresse
du moyen âge, admirablement belle et vaste, et
la ville même, traversée par une jolie rivière, est
charmante.

Désormais on marchait mieux, la neige fondait,
on n'avait plus à craindre que les avalanches.
Mais nous passâmes partout heureusement. Kader-
Aga et Kalaa nous firent encore revoir des étables
pour demeures.

A Gumusch-Khanêh on voulait me loger dans
un café, à la grande satisfaction d'une populace
très turbulente qui se pressait aux fenêtres et faisait mine de rire et de se moquer.

La situation devenant scandaleuse, la foule fut

dispersée par mes ordres, et cela ne se. fit pas
sans quelques violences ; je montaî à cheval avec
mon monde et nous poussâmes jusqu'à la ville,
.car cette scène se passait dans un faubourg, sous
prétexte que la ville eût été trop éloignée. En
vingt minutes nous y arrivâmes et j'eus le double
plaisir d'être bien logé et de faire la connaissance
du kaïmakam, Husnu-Bey, qui, pendant le peu
d'instants que j'ai passés chez lui, m'a paru être
un homme sérieux, ferme et habile aux affaires.
C'est la seule agréable rencontre que j'aie eue
entre Kizil-Dêrêh et Trébizonde.

Gumusch-Khanêh est une des villes les plus
singulières qu'on puisse voir ; bâtie sur le penchant
d'une montagne abrupte, elle a toutes ses maisons
étagées les unes au-dessus des autres. Le palais
du kaïmakam a de belles galeries en bois ; des
fenêtres l'on découvre une vue admirable de la
vallée et des montagnes avoisinantes, qui recèlent
des mines de cuivre et d'argent, autrefois très
productives.

Les jours suivants je traversai les superbes
forêts du Taurus, Ardèser, Zaganêh, Yelkurpy, qui
ressemble beaucoup à Tende, dans les Alpes mari-
times du Piémont. Les montagnes sont couvertes
de chalets construits en bois, assez semblables
aux chalets de Suisse, tandis que les troupeaux
errants sur les croupes verdoyantes et la route
circulant entre des terrasses rappellent également
ce pays. De Yelkurpy, en deux jours je fus à Trébizonde, où mon voyage était terminé. Je n'y sé-

journai que quelques heures, et je m'embarquai
pour l'Europe.

En passant devant Karasoun, je vis l'*Egyptus*,
bateau à vapeur qui noüs avait, plus de trois ans
auparavant, conduits à Alexandrie. Il était cloué
sur un reste de vieux môle génois ; l'eau envahis-
sait ses chambres. On démontait sa machine et
on en sauvait tout ce qui semblait de quelque
valeur.

Quelque temps après, j'appris que le *Victoria*,
qui nous avait menés de Suez à Bouschyr, avait
également fait naufrage dans les mers de l'Inde.

Je conclus de ces deux événements que, suivant toute apparence, mes voyages en Asie doivent
se terminer ici. Il ne me reste donc plus qu'à
rechercher avec attention quelle est l'impression
dominante qui m'est restée des contacts que j'ai
eus avec un monde si différent du nôtre. Au point
de vue physique, l'aspect de l'Asie centrale, de
l'Arabie et de l'Égypte, me semble, avant tout
autre effet, donner la notion de l'immensité et du
mystère, mais d'une manière très différente dans
les trois régions. L'Égypte, avec son fleuve large,
rapide, bourbeux, incertain, à côtes plates, avec
ses deux zones étroites semées d'abondantes cultures, monte, s'éloigne et se perd dans cette succession d'horizons de plus en plus torrides, où les
solitudes profondes du continent africain attirent
irrésistiblement la pensée. La longue suite des
pyramides, les unes debout, les autres tronquées,
beaucoup ne montrant plus que les larges stig-

mates dont le poids de leurs masses semble avoir
meurtri la terre, suffirait à elle seule pour entraîner
l'esprit dans cet inconnu sauvage. Mais les nègres
de toute nuance, que l'on rencontre à chaque pas,
les uns déjà façonnés à une vie qui n'était pas
celle de leurs pères, les autres en voie de se dégros-
sir, le plus grand nombre tout sauvage encore,
semblent vous dire éloquemment, rien que par
leur aspect : «Nous sommes venus, nous arrivons
de ces domaines perdus de l'éléphant et de l'hip-
popotame, de la contrée des grands fleuves et
des grands lacs, des marécages empestés, de la vé-
gétation envahissante et gigantesque, des populations qui ne connaissent pas le reste du monde
et que le reste du monde ignore. » L'Égypte, con-
sacrée par le génie des Pharaons, ennoblie par
l'art des Ptolémées, embellie par l'élégance somp-
tueuse des khalifes, se tient comme un portail à
l'entrée des somptueuses terreurs dont la hardiesse
des voyageurs modernes a commencé à peine à
soulever le voile.

Pour l'Arabie, c'est tout autre chose. L'infini
se trouve non dans l'étendue absolue des territoires, car on sait qu'on aborde à une péninsule
de grandeur médiocre, mais dans le fractionnement
même de cette terre âpre, stérile, brûlante, mon-
tagneuse, coupée de tant de vallées, plantée de
tant de crêtes, semée de tant de déserts où habitent, passent, vivent en errant, tant de tribus
qui sont des nations et dont les origines diverses,
dont les physionomies très tranchées sont beau-

coup moins homogènes, sans parler de leurs lan-
gages, qu'on ne s'est plu longtemps à le croire.
C'est là qu'apparaît encore une contrée inconnue,
non pas rejetée comme pour l'Égypte au delà de
la limite des cataractes, mais commençant au
sable même que touche la quille du canot. Quelques
heureux voyageurs anciens, des récits indigènes
parlent de vallées agrestes en petit nombre, de
villes ruinées dans le sud et dans l'est, de débris
attestant l'existence d'anciens empires sur ce sol
que l'on sait avoir été une tanière de conquérants
déprédateurs. Il paraît étrange qu'il ait jamais
existé dans ces domaines austères autre chose
que les dépouilles entassées des nations du dehors.
Mais on commence aussi à revenir sur cette opinion reconnue désormais fausse comme tant d'autres, et c'est là ce qui fait de l'Arabie un monde
qu'on voudrait pouvoir interroger.

Enfin l'Asie centrale ouvre ses régions magnifiques. La nature l'a disposée tout entière comme
un immense escalier, au sommet duquel elle semble
avoir tenu à honneur de porter au-dessus des autres régions du globe, ces vastes terres sibériennes,
berceau antique de notre race. Entre la Méditer-
ranée, le golfe Persique et la mer Noire, le sol va
s'élevant d'étages en étages. Des croupes énormes,
placées en assises, le Taurus, les monts Gordyens,
les chaînes du Laristan, soulèvent et soutiennent
les provinces. Le Caucase, l'Elbourz, les montagnes
du Schyraz et d'Ispahan, y ajoutent un colossal
gradin plus haut encore. Cette énorme plate-

forme, étalant en plaines ses développements majestueux du côté des monts Soleyman et de l'Hindou-Kousch, aboutit d'une part au Turkestan qui conduit à la Chine, et de l'autre aux rives de l'Indus, frontière d'un non moins vaste monde. Ce qu'une telle nature ainsi ordonnée, menant si loin, construite sur un plan si grandiose s'encadrant dans des lignes d'une dimension si prodigieuse, doit faire éprouver à l'imagination, on le comprend sans peine, surtout quand on compare de pareilles étendues aux proportions exiguës des pays de l'Europe occidentale. Que sont les Alpes et les plaines de la Lombardie et les campagnes de la Germanie ? Mais surtout de quels effets toutes ces terres relativement nouvelles ont-elles été témoins dans le passé de l'histoire, qui puissent être comparés aux séries d'événements innombrables dont ces autres régions ont été les théâtres ? Cette réflexion fait considérer à son tour le côté moral de la question.

L'histoire est envisagée autrement aujourd'hui qu'elle ne l'était il y a une vingtaine d'années encore, et surtout elle le sera autrement avant peu d'années. Nous avons cessé de la voir uniquement dans le récit des batailles et la chronologie des règnes ; nous cesserons de même de renfermer l'antiquité tout entière dans les démêlés et les narrations de quelques petits États grecs et de deux ou trois empires comme ceux des Séleucides et des Romains. On voudra juger de l'homme sur ce qu'il a été et sur ce qu'il a fait dans toutes les

régions de la terre, et on reconnaîtra qu'il n'est
pas moins intéressant pour nous de l'étudier en
Asie qu'à Athènes, lorsqu'on aura bien compris
qu'en définitive c'est là que se sont accomplis
les faits les plus considérables et les plus féconds,
que se sont produites les plus grandes idées, là
aussi que les philosophes de tous les âges ont été
chercher leurs doctrines, comme les marchands y
ont trouvé leurs richesses. En réfléchissant aux
causes d'une telle suprématie, on s'attachera de
plus en plus au désir d'approfondir le génie des
contrées où elle s'est révélée. N'est-ce pas un mystère qui mérite d'être sondé

Tout est en débris, tout est en ruines dans cette
Asie. C'est à bon droit que les intelligences s'y
occupent tant du passé et si peu de l'avenir.
L'avenir est fini pour ces territoires. Ils ne pensent
plus à vivre que sur ce qui fut. Mais c'est encore
une perspective suffisante, puisque, je le répète,
tout y a pris sa source. Rien de ce qui a été trouvé
dans le monde ne l'a pu être ailleurs. Il a été ensuite
amélioré, modifié, amplifié ou diminué ; cet honneur de second ordre nous revient, et il faut bien
que partout l'homme ait eu sa tâche. Mais c'est
l'invention qui contient la vie, le reste n'est que
secondaire. L'Asie a donc eu l'invention et se
repose de cet immense enfantement. Mais, il faut
aussi l'avouer, une qualité intellectuelle lui a toujours manqué : c'est la critique comme nous la
possédons et la pratiquons. Peut-être cette pau-
vreté est-elle une des conditions de l'initiative

peut-être ne peut-on pas avoir les deux mérites
à la fois ; il est certain que la critique est née d'hier
et a manqué au monde antique tout entier et dans
tous les lieux. Saint Thomas n'a pas eu plus de
critique que Platon, qui n'en possédait pas un
grain de plus que les sages de l'Inde et de la Chine.
Maintenant, c'est notre aptitude dominante, elle
produit la forme de notre esprit ; elle ouvre la
source de tout notre orgueil. Nous savons classer,
rapprocher, apprécier, juger comme jamais on ne
l'a pu faire. A la vérité, il suffit d'une erreur d'une
demi-ligne au départ pour que toutes nos conséquences soient fausses. Aussi changeons-nous
toutes nos conclusions à chaque période décennale,
mais sans douter jamais de l'excellence de notre
travail, ni de la supériorité universelle de notre
méthode.

Nous avons raison. Il faut tenir à ses dieux,
fussent-ils de bois. Mais, avec ses avantages, ce
dieu-là nous rend peu propres à comprendre que
dans le tourbillon des idées les plus disparates il
y a encore une grande force et une profondeur
auxquelles nous n'atteignons pas, et que du mariage de l'inconséquence et de ces idées, il peut
naître des résultats obscurs, sans doute, mais
aussi d'une grandeur extraordinaire. Il me semble
que la faculté de former et de rendre fécondes au
moins des unions de cette sorte est le trait remarquable de l'esprit asiatique. Lorsqu'on a démontré
à un Schyyte l'inconsistance de la doctrine de
l'imamat, à un Nossayry les côtés irrationnels de

sa théogonie trop vaste, à un Soufy mystique les
dangers de sa morale hasardeuse, on est étonné
de voir ses regards s'attacher sur vous avec une
expression, non pas de confusion, mais de surprise.
Vous avez assurément vaincu votre adversaire. Il
n'a plus rien à répondre. Ses arguments boiteux
jonchent le sol. Il ne dit mot, il vous regarde.
Vous le supposez stupide et lui vous juge aveugle.
Vous avez affaire, croyez-vous, à un ignare, et
lui, pense-t-il, à un enfant, et c'est là le motif
principal pour lequel les Asiatiques font si peu
de cas de l'intelligence européenne. La leur, la
foi ; et elle atteint au delà de la raison, à un monde
où cette dernière faculté s'émousse, et nous, nous
sommes volontiers enclins à croire qu'au delà de
la raison il n'existe que le vide. Où nous ne voyons
ni ne sentons plus rien, ils trouvent une atmos-
phère qui leur plaît et respirent à l'aise. Je ne dis
pas que l'on ait tort en Europe de penser comme
l'on pense. Mais tout bien considéré, la nature
irréfléchie, ou pour mieux dire l'instinct des Asiatiques a imaginé de si grandes choses dans le
domaine de la religion, de la philosophie, de la
poésie, que leur façon d'être me semble également
avoir droit au respect ; et si cet instinct n'avait
pas existé, s'il n'avait pas agi, nous n'aurions
rien à analyser, rien à admettre, rien à rejeter,
rien à comprendre, et ceci m'amène à faire une
comparaison exagérée sans doute, mais qui peut-
être aussi n'est pas sans son côté vrai.

J'ai passé quatre mois campé dans le désert

au pied du volcan du Demavend. Nos tentes
s'appuyaient à la jolie rivière de Lâr. Un tapis
de hautes herbes et de fleurs agrestes s'étendait
sous nos pieds. Des pics élancés touchaient le ciel
de toutes parts. Nous n'avions d'autres visiteurs
dans cette solitude profonde que des nomades qui,
de temps en temps, passaient près de nous, dres-
saient leurs camps loin du nôtre et demeuraient
là une ou deux semaines. Un jour des Alavends,
tribu turque, vinrent planter trois ou quatre de
leurs tentes noires de l'autre côté du ruisseau.
Tandis que les hommes allaient chasser et que les
femmes s'occupaient des travaux domestiques, un
enfant de dix à douze ans, maigre, noirci par le
soleil, à demi nu, ayant la figure la plus intéres-
sante et la plus triste, s'approchait de la rive
opposée à la nôtre. Il ne nous regardait pas et
tous les jours il revenait de même et ne nous regarda jamais. Il ramassait des pierres sur le bord,
les tenait dans la main, et les considérait avec
attention, puis les rejetait dans l'eau loin de lui.
Quelquefois il examinait plus longtemps un de ces
cailloux et, le mettant à part, il reprenait son travail et continuait à chercher. Le soleil torride, la
pluie, le vent, le froid, rien ne le chassait, rien
n'arrêtait son ardeur fiévreuse, et tant que le jour
durait il ne se reposait pas. Il n'aurait pas cessé
même la nuit, si une femme, sa mère sans doute,
ou si son père n'était venu le chercher. On l'em-
menait avec un peu de contrainte et il suivait à
regret. Ce petit infortuné avait été frappé du

soleil, et il avait perdu la raison ; cet accident
arrive fréquemment chez les nomades. Il ne son-
geait plus qu'à chercher un trésor de la nature
duquel il ne pouvait rendre compte, mais pour
lequel il oubliait tout ce qui au monde est réel.
J'oserai dire que cet enfant me représente un peu
le génie dominant de l'Asie ; dès l'aurore des âges,
moins occupé de la vie positive et des choses
matérielles que d'obéir à un élan qui le pousse
d'une force merveilleuse vers l'inconnu. Il a sans
doute ramassé dans le cours des ruisseaux bien
des cailloux sans valeur, quelques-uns par hasard
d'une merveilleuse beauté, mais plus souvent encore il a ramassé des monceaux de pierres auxquels
il sentait qu'il ne devait pas s'attacher. Il a per-
sévéré toujours et toujours il persévère, et c'est
là une puissance dont le reste du monde devrait
être reconnaissant, puisqu'il lui doit, en somme,
tout ce qu'il possède et a possédé jamais du haut
domaine intellectuel.

FIN

TABLE DES MATIÈRES

TOME II

5154. — Tours, Imprimerie E. ARRAULT et Cⁱᵉ.